汉译世界学术名著丛书

哲学家与英格兰法律家的对话

〔英〕霍布斯 著

姚中秋 译

商务印书馆
The Commercial Press

Hobbes

**A DIALOGUE BETWEEN A PHILOSOPHER AND
A STUDENT OF THE COMMON LAWS OF ENGLAND**

根据伦敦 John Bohn 出版社 1840 年版译出

汉译世界学术名著丛书
出版说明

我馆历来重视移译世界各国学术名著。从20世纪50年代起,更致力于翻译出版马克思主义诞生以前的古典学术著作,同时适当介绍当代具有定评的各派代表作品。我们确信只有用人类创造的全部知识财富来丰富自己的头脑,才能够建成现代化的社会主义社会。这些书籍所蕴藏的思想财富和学术价值,为学人所熟悉,无须赘述。这些译本过去以单行本印行,难见系统,汇编为丛书,才能相得益彰,蔚为大观,既便于研读查考,又利于文化积累。为此,我们从1981年着手分辑刊行,至2024年已先后分二十二辑印行名著1000种。现继续编印第二十三辑,到2025年出版至1050种。今后在积累单本著作的基础上仍将陆续以名著版印行。希望海内外读书界、著译界给我们批评、建议,帮助我们把这套丛书出得更好。

商务印书馆编辑部
2024年12月

译　序

早期现代欧洲各国之国家建设,以王权驯服教会、摧毁封建制为主题。由《利维坦》可见,霍布斯(Thomas Hobbes,1588—1679)思想即围绕这两者展开。

封建制以其多元而分散之法律治理为中心,但英国情况较为特殊。诺曼底公爵完全征服英伦,王权最为强大,乃设立巡回法官,与贵族、城市、教会等分散的司法权进行竞争,并逐渐取得优势,形成"普通法"(common law),即以王权为依托、通行于全英格兰之普遍法律。英格兰是欧洲最早完成法律统一的国家。

然而,普通法毕竟形成于封建时代,故仍有封建性:它不是国王颁布的制定法,而是法官在司法活动中造就之规则体系;因而围绕其司法活动,形成了一个封闭的法律行会,法律人自成一体,从而有以法律反对王权之潜在可能;至1600年前后,果然爆发。

在反教会方面,亨利八世(Henry Ⅷ,1491—1547)籍没天主教会财产,禁止教士效忠罗马教会,自任教会最高领袖,由此较早实现了教会之国家化。然而,欧洲大陆宗教改革之风吹进英伦,而出现在教义和政治上十分激进的清教,对王权颇有二心。

由苏格兰入继大统之詹姆斯一世(James Ⅰ,1566—1625)开创了斯图亚特王朝,采取措施进一步强化王权,这与亨利八世的思路是一致的;已有进步观念的哲人弗兰西斯·培根(Francis Bacon,1561—1626)深受宠信,积极襄助。

但詹姆斯一世的身份、性格和观念,横生枝节:对正在形成的英格兰"民族"而言,他是外人;循苏格兰习俗,他信奉天主教,为英格兰的国教所不喜,更为清教徒所厌恶;苏格兰采用罗马法,罗马法当时正在欧洲大陆复兴,普通法法律人担心詹姆斯一世引入罗马法体系,损害其利益。

爱德华·库克(Sir Edward Coke,1552—1634)作为普通法法律人群体之代表,率先向詹姆斯一世发难,抗拒王权对司法权之干预,为此发展出以司法的技艺理性论述法官独立于王权,并试图以法律控制王权的"普通法宪制"政治理论。普通法与王权之间的斗争一时成为英格兰政治斗争之焦点。

库克将这一战火引入议会,议会中基于各种理由厌恶詹姆斯一世者普遍支持库克。不过,议会还是更为关注财产权问题。到查理一世(Charles I,1600—1649)朝,政治斗争焦点逐渐转移,最终日趋激化,爆发内战,各派残杀不已。

此乱促使政治哲人霍布斯反思其根源,作《利维坦》,1651年首版,致力于论证政治主权者之绝对地位,其敌人正是当时王权之两大敌人:一个是普通法法律人,《利维坦》论述法律和司法的篇章中时时抨击普通法政治哲学;另一个是教会,《利维坦》后半部分竭力论证王权高于教权。

此书出版之后,霍布斯意犹未尽,于1666年再作《哲学家与英格兰法律家的对话》(*A Dialogue between a Philosopher and a*

Student of the Common Laws of England，以下简称《对话》），这是霍布斯倒数第二部专著，生前曾以抄本形式流传，1681年初版。《对话》中关于理性、法律、普通法、衡平、司法权、王权及具体的法律问题的看法，与《利维坦》有明显的连续性。

《对话》中的普通法法律家就是爱德华·库克爵士，哲学家则是作者霍布斯的化身。本书尽管采用对话体形式，但并不具有柏拉图或西塞罗对话著述的辩证性质。这场对话从一开始就是一边倒的，哲学家控制着整个对话的进程和节奏，其知识无所不包，甚至对英格兰的法律的掌握，也远比法律家渊博，尽管这位法律家经常引用库克爵士的著述。整本《对话》的结论显而易见：库克试图强调普通法的权威来自司法智慧，这是站不住脚的；普通法法官必须接受国王这位最高大法官之审查，犯罪活动的界定及对其惩罚的规定必须由自然理性或制成法而不能由司法智慧来厘定。这本对话以戏剧性方式将看待王权与司法权的两种观念呈现在人们面前。或许可以说，它比《论公民》或《利维坦》更为清晰地揭示了霍布斯思想之特质。

可以把《对话》视为霍布斯与库克爵士的对话，尽管他对那位对话者并不尊重；很快，另一伟大人物加入这场对话，即首席大法官马修·黑尔爵士（Sir Matthew Hale，1609—1676），他针对这篇《对话》写了一篇回应，当其于1676年去世时只是手稿，直到1921年才被整理出版。在此篇幅不长但立场异常清晰而坚决的评论中，马修·黑尔爵士坚定地捍卫了库克爵士的看法。

实际上，库克爵士在其著作中曾对培根的哲学和法律、政治思想提出过严厉批评；霍布斯在本书中批评库克爵士；马修·黑尔又对霍布斯进行反击。这四位英格兰哲人、法律人分为两个阵营，相互诘难长达百年，构成理解英格兰现代国家构建的一条重要思想线索。

就历史进程而言，王权被驯服后，英格兰确立了英国宪法学家戴雪所谓"巴力门主权"，即"王在议会"之主权，可以其意志制定任何法律而不受审查，当然不可能支持库克爵士的普通法宪制，普通法法官也完全尊重议会主权。但殖民北美的清教徒却带着对王权的切齿痛恨，留恋普通法对抗王权之说，并在其立国之时设立了地位崇高的最高法院，赋予其以司法审查权，即普通法院有权审查议会和总统共同通过之法律，《联邦党人文集》最后几篇对司法权之论证，大体上采用了库克爵士之义理。

历史确实非常有趣：爱德华·库克爵士发展的普通法宪制理论在英国早被抛弃，在美国却成为一项根本宪制；二战后，这一制度又随美国的政治优势和学术霸权影响不少国家，以至于中国宪法学界近些年来也热衷于讨论司法审查权。译者最初翻译出版本书，也正在思考普通法宪制行于中国之可能性。当然，近来逐渐放弃了这一想法。其实，塞缪尔·P.亨廷顿（Samuel P. Huntington，1927—2008）早在《变化社会中的政治秩序》（*Political Order in Changing Societies*）中就指出，因为阴差阳错，美国宪制保留了斯图亚特政体，缺乏足够现代性，不足以为各国所取法，所谓普通法宪制完全无法保证国家的"发展"，而这是现代性之根本特征。

尽管如此，我仍愿意修订重版本译作，它一方面有助于读者知道并理解英国政治和思想演变史上一个至关重要的环节；另一

译　　序

方面也有助于理解美国宪制设计之义理，具体地说，认识其看起来十分现代的宪制中的"封建性"。

本书据如下英文版本译出：*The English Works of Thomas Hobbes of Malmesbury* (London: John Bohn, 1839—1845), edited by Sir William Molesworth, Bart., Vol. VI. (1840): *A Dialogue between a Philosopher and a Student of the Common Laws of England*。

为使读者全面了解霍布斯的思想脉络，书后另收三篇附录：第一篇是爱德华·库克爵士阐明其普通法宪制观念之重要判例《禁止国王听审案》，第二篇是霍布斯的《〈利维坦〉第二十六章"论国家法"》，第三篇是马修·黑尔的《论霍布斯的〈法律对话〉》。

《对话》的章节题目原注于页边，为方便阅读做目前处理。方括号［］内文字系译者为使文字连贯所加。书中频繁出现拉丁文，保留原文在圆括号（）内。书中注释全部为译者所加，或用以解释历史和法律术语，或用以探究对话者之意图。概念和历史解释基本依据薛波主编《元照英美法词典》（法律出版社2003年版）；也参考了戴维·M.沃克（David M. Walker）主编、北京社会与科技发展研究所组织翻译之《牛津法律大辞典》（光明日报出版社1989年版）。

本书于2005年译出，次年由上海三联书店出版，其中不乏错谬。这次对译文略做修订。最显著修订是Sir Edward Coke原译"爱德华·柯克爵士"，现改为"爱德华·库克爵士"。

蒲城姚中秋于庚子初夏

目　　录

一　论理性的律法 ……………………………………… 1
二　论主权性权力 ……………………………………… 9
三　国王是最高法官 …………………………………… 25
四　论法院 ……………………………………………… 41
五　论重罪 ……………………………………………… 78
六　论异端罪 …………………………………………… 108
七　论侵犯王权罪 ……………………………………… 123
八　论刑罚 ……………………………………………… 136
九　论赦免 ……………………………………………… 154
十　论关于财产权之法律 ……………………………… 164

附录一　禁止国王听审案 ……………………爱德华·库克 179
附录二　《利维坦》第二十六章"论国家法"………霍布斯 183
附录三　论霍布斯的《法律对话》……………马修·黑尔 210

笑口

一 论理性的律法

法律家：什么东西让你得出结论，研究这个法律（the law）不如研究数学那样理性？

哲学家：我没有那样说过，因为所有的研究都是理性的，否则就不值得研究。我说的是，精通数学之人不会像精通法律之士那样屡犯错误。

法律家：若你将你的理性运用于普通法，你就会有另外的想法。

哲学家：在任何研究中，我都仔细地考察我的推论是否合理：我已全面考察了自《大宪章》以至今日的各部制成法，没有一部被我遗漏。我想，我一直在致力于研究它们，对我来说，研究得已经够多了；这种研究只是为了我自己而非为了取悦别人。但我并没有充分地考察其合理性究竟如何，因为我研读它们不是为了挑剌而是为了遵守它们，而从中我确实发现了遵守它们的充分理由；尽管制成法本身一直在变，但此理由却始终保持不变。

我也很用功地通读了利特尔顿论述土地法的著作①,也阅读了著名的法律家爱德华·库克爵士②为其所写之评注,我得坦率

---

① 利特尔顿(Littleton, 1401—1481)所著《土地保有法》(*Tenures*)是英国历史上第一部既不受罗马法影响、又不用法语撰写之法律著作,史家称其为"普通法的精品,社会科学著作中最精致、完美的作品"。它不仅记载了有关诉讼程序的规则,也在众多判例基础上对法律的"根据和争议"进行了研究。该书以英格兰土地保有法为核心构建了一套完整的法律规则体系,影响了此后几世纪普通法的发展。爱德华·库克的《英格兰法律总论》第一卷即为对此书之释义。
② 爱德华·库克爵士(Sir Edward Coke, 1552—1634),英格兰历史上最伟大的普通法法律家之一。他是一位律师的儿子,进入剑桥大学学习,后接受律师训练,年纪轻轻就成为著名律师。1593年第二次当选议会议员,成为下院议长。次年伊丽莎白一世(Elizabeth I, 1533—1603)任命他为总检察长,直至1603年詹姆斯一世继位。三年后,詹姆斯一世任命他为王家民事诉讼法庭(the Court of Common Pleas)首席大法官;因与国王不断冲突,六年后被委任为王座法院首席大法官,明升暗降。1616年,詹姆斯一世显然对库克试图限制王权的种种努力大为恼怒,免去其职位,并将其赶出伦敦。但一年后库克又回枢密院。1621年,库克当选为议会议员,由于他反王权的活动而被囚入伦敦塔,但当年又被释放。1624年和1625年又当选议会议员。1626年,他被查理一世遴选担任白金汉郡郡长而离开议会。1628年又入选议会,在起草和指导通过《权利请愿书》的活动中发挥了领导作用。这届议会后以76岁高龄退休,撰写其《英格兰法律总论》,第一卷于同年出版。其11卷本《判例汇编》在其担任总检察长和首席大法官期间就出版了。其著作的其余部分是在其去世后出版的。库克弥留之际,《英格兰法律总论》第二、第三和第四卷被国王没收,直到1642—1644年始得以出版,当时是根据长期议会的命令出版的;其《判例汇编》最后两卷于18世纪50年代出版,尽管现代学者对其是否出自库克之手表示怀疑。美国自由基金会出版了三卷本《爱德华·库克著作选》: *The Selected Writtings and Speeches of Edward Coke*, ed. by Steve Sheppard, Indianapolis, Indiana: Liberty Fund, 2003。第一卷为《判例汇编》节选,第二卷为《英格兰法律总论》节选,第三卷为议会演讲及附录。关于其生平,可参见 John Hostettler, *Sir Edward Coke: A Force for Freedom*, Chichester, England: Barry Rose Law Publishers Ltd, 1997。另外,美国学者小詹姆斯·R. 斯托纳(James R. Stoner)著《普通法与自由主义理论——柯克、霍布斯及美国宪政主义之诸源头》(姚中秋译,北京大学出版社2005年版)对爱德华·库克的法律和政治思想有较为系统的论述。

地承认，在评注中我看到了极为精妙之处，但不是普通法的，而是从法律中得出的推论，尤其是从人性的规律，也即理性的律法中得出之推论：我得承认，利特尔顿在其著作的结语中说，一个人可以借助于普通法的论点和理性，很快就能达到法律的确定性和对法律的了解。我同意爱德华·库克爵士的话，他在解释这段正文时进一步说，理性是普通法的灵魂；在第 138 节他说，"*nihil, quod est contra rationem, est licitum*"，意谓，有悖于理性者即非法律；理性是法律的生命，更不要说普通法无非就是理性而已；在第 21 节他写道，"*æquitas est perfecta quædam ratio, quæ jus scriptum interpretatur et emendat, nulla scriptura comprehensa, sed solum in vera ratione consistens*"，意谓，衡平（equity）①是某种完美的理性，它可解释和修正成文法，它本身是不成文的，无非由正确的理性构成。我思考了这些，并发现它们是正确的，这一点是如此显而易见，因此任何有正确理解力（right sense）之人都不会否认。②

但我发现，我自己的理性由此陷入一个困境，因为它能使这个世界上的一切法律归于失效。因为，根据这个理由，不管是谁都可以对不管哪部法律说，它是有悖于理性的，因而就为他不遵守它找到了借口。我请你澄清一下这一段，然后我们再继续讨论。

法律家：那我就来澄清它吧，它出自爱德华·库克爵士（《英格兰法律总论》第一卷第 138 节）：普通法被理解为理性的技艺性

---

① 这是一个多义词，通常含义是指与普通法相比自成体系的"衡平法"，不过从霍布斯语境来看，似乎译为其原始含义"公平""公正"，尤其是"自然的公平"更为恰当。
② 尽管霍布斯也承认普通法就是理性，但其对理性的理解却截然不同于普通法法律家，比如利特尔顿、爱德华·库克及马修·黑尔。故其承认普通法就是理性，在一定程度上是试图以自己的理性概念改造普通法法律家的传统理解。

完美成就（artificial perfection of reason），此处是指通过长期的研究、观察和经验而获得之理性，而非指每人之自然理性，因为无人生来是有技艺的（nemo nascitur artifex）。这种法律理性是"最高理性"（summa ratio）；因而，即使分散在很多人头脑中的全部理性集中于一人头脑，也不可能造出英格兰普通法这样一种法律；因为，经由这么多代人的代代相传，它已被无数认真的、博学的人所细化和去芜存菁。

哲学家：但这并未澄清我的疑惑，部分是由于你表述不清，部分是由于你的说法是不正确的。我不认为作为法律之生命的理性为什么不应是自然的（natural）而是技艺性的。① 我当然非常清楚，对法律的了解需要通过广泛的学习研究，就跟别的学科一样，但在对其进行研究并有所收获后，它也依然是自然理性，而非技艺理性。我承认你的说法，关于普通法的知识是一种技艺；但某个人或很多人的技艺——不管他们有多聪明，一位或多位从艺者（artificers）的成就——不管这些成就有多完美，都不是法律。创制法律的不是智慧，而是权威。"司法理性"（legal reason）这个词本身也是含混的。地球上的其他生物不存在理性，只有人有理性。但我推测，他的意思是说，法官的理性或者说全部法官加在一起的理性——但不包括国王，就是这种最高理性，也就是法律本身。这是我所不能承认的，因为除非一个人拥有立法之权，否则他就

---

① 这里反映了霍布斯与库克对法律之理性的不同看法：库克认为法律源于技艺理性，霍布斯更愿意以自然理性、天赋理性解释法律。其隐含的政治结论是：国王，即使没有对法律进行研究，也可凭借其自然理性拥有立法与司法之权；主权性权力不依靠理性而依靠主权暴力。

无从创制法律。法律一直被认真而博学之士也即法学专家们所细化,这种说法显然是不正确的。因为,英格兰的全部法律都由英格兰历代国王在咨商议会贵族院和平民院后制定,而在这二十位国王中,没有一位是博学的法律家。

法律家: 你说的是制成(statute)法,而我说的是普通法。

哲学家 我在一般性地讨论法律。①

法律家: 我同意你上面的说法,也即,如果拿走了制成法,不管在英格兰还是在别的国家,就不会剩下什么有益于国家之治安的法律了;但衡平和理性(神圣的、永恒的律法,约束所有时代、所有地方的所有人)将依然存在,即便不会被人遵守:尽管践踏它们不会在现世受到惩罚,在来世必将受到足够惩罚。爱德华·库克爵士不会因为竭尽所能地赋予其所在职业之士以最大程度的权威而受责备,但在造作法律之时,应在法官们的认真和博学之外再加上国王的权威,后者对此是拥有主权的;因为每个有脑子的臣民都有责任留心这些理性的律法,并自担风险,因为理性是其天性的组成部分,永远与他同行,只要他愿意,即可理解这些理性的律法。

---

① 尽管如此,这位哲学家在后面的讨论中所提的仍然几乎全为制成法,而未涉及法官所造之普通法,而根据通常的看法,后者才是普通法的主体。这是由霍布斯本人的基本政治理念所决定的:他认为,法官只能适用国王制定之法律,而唯有国王有权制定法律,法官制定法律是对王权的僭越。

哲学家：这十分正确，而根据这一点，假如我宣称自己在一两个月内就有能力承担法官的职责，你就不应认为我的说法是狂妄自大；因为，你已承认每个人、当然包括我自己对理性的僭称，而普通法就是理性（记住这一点，也许不需要我再重复提醒你了：普通法就是理性）。至于制成法，鉴于它是印刷成文的，有各种各样的索引向我指明其中所包括的每一事项，因此我想，一个人在两个月内就可以运用它们。

法律家：但你恐怕只能成为一位水平低劣的状师（pleader）而已。

哲学家：状师通常认为，他应当为了其客户的利益而能说会道，因而需要具有扭曲法律条文偏离其正确含义的本领，也需要具有花言巧语的本领以诱导陪审团，有时也诱导法官，还需要很多我不具备但也不想学习的技艺。

法律家：但不管他觉得其推理多么出色，法官会留意他，不让他太多偏离制成法的条文规定，因为，过分偏离不可能没有危险。

哲学家：但他可以背离制成法条文而毫无危险，即使他并不背离法律的含义和意思；一位博学之士（法官们通常就是这样的人士）可以很容易发现这样的含义和意思，在法律序言中，根据法律制定的时间，及制定它所防范的不便，可以很容易发现。但请您告诉我,既然理性的律法应当适用于可能发生的所有争议,那制定制成法的目的是什么?

法律家:对于不正常地渴望财富、权力及感官享受的那种力量,你不会一无所知,它可能主宰最强有力的理性,而这些就是不服从、谋杀、诈骗、伪善等种种恶劣习性之根源。人间的法律尽管能够惩罚这种习性的结果即违法活动,却不能根除潜藏在人心中的根源。一个人怎样才能显示出贪婪、嫉妒、伪善等邪恶习性呢?恐怕得在其做出某些行为之后才能表现出来,而这些行为又能被证人注意到。但其根源仍在,又会产生新的恶果,你需要不懈地进行惩罚,直到最后摧毁可能悖逆理性之一切力量。

哲学家:那么,在任何一个国家,或者在一个国家与另一国家间持久的和平之希望何在呢?

法律家:你不应指望在两个国家之间出现这样的和平状态,因为,这个世界上没有一个共同的权力来惩罚国家的不公行为。彼此对对方的恐惧可能使其维持一段和平,但只要他们自己觉得自己有一些优势,就会侵略对方;当一个国家顺服于其国王,而他国不顺服于其国王时,前一国家的优势是最大的。但国内的自由则是可持久的,只要让普通人看到他们顺服和支持其主权者所能获得之好处,而支持那些承诺进行宗教改革、变换政府却欺骗他们之人必将遭受损害即可。而这正是神职人员要做的,不仅借助于源于理性之论证,也借助于源于《圣经》之理据。

哲学家：你所说的很正确，但这却不是我跟你谈话的目的，我已经表明了，我所关心的是英格兰的法律问题。因此，我再问一遍，制成法之目的何在？

二　论主权性权力

法律家：下面我将说，一切人定法（human law）的宗旨都是在本国境内众人中实现治安和正义，并抵御外部敌人。

哲学家：然而，什么是正义？

法律家：正义就是给予每人以属于他自己的。

哲学家：这个定义很好，而它是亚里士多德的定义。而在普通法的科学中作为一项原则共同承认的定义是什么呢？

法律家　与亚里士多德的定义相同。

哲学家：哈，你们这些法律家可真要感谢这位哲学家；这才是理性；因为，真正的哲学才是更普适、更高贵的科学，是整个世界的律法，而英格兰的普通法在这里却占不了多少份额。

法律家：确实如此，假如你所说的哲学就是指对理性的研究的话；我想，你就是这个意思。

哲学家：当你说正义就是给予每人以属于他自己的，你说的"属于他自己的"是什么意思？已经属于我自己的，你怎么给我？或者说，假定不是我的，正义怎样能使其成为我的？

法律家：如果没有法律，每一样东西都是所有人的，因为他可以占取、保有和享受，而不会对他人构成不公；每一样东西，土地、牲畜、果实甚至他人的身体，只要理性告诉他，不这样他就不能安全地生活。因为，假如理性的指令不能有益于人的生命之维系和改善，它就没有什么价值。因此，鉴于如果没有人定法，所有东西都将是共有的，这样的社会就将是人与人之间侵凌、嫉妒、谋杀和持续争战之源；因此，同样的理性律法又指令人类，为了其生存，应分配土地和物品；这样，每人都可知道什么是他的，因而他人就不能再对其主张权利，或者在他使用这些东西时干扰他。这种分配就是正义，而这恰恰就是我们所说的"属于自己的"；据此，你可以看到为了所有人的生存制成法有着巨大的必要性。这也是理性律法之指令：制成法是人类在当前世界上获得安全与幸福生活之必要手段，应被所有臣民遵守。理性的律法应当得到遵守，国王和臣民都应当遵守，因为它是上帝的律法。

哲学家：这些观点都是完全合情合理的，但如果人类绝大多数是如此不理性，如此偏爱自己，而他们自己的法律不过是一纸空文，它本身并不能迫使一个人去做其不乐意的事，即使他做了坏事，也不能惩罚他或伤害他，在此情况下，法律如何能够保障一个人不受他人侵害呢？

法律家：我所说的法律是指发挥作用并武装起来的法律。因为你肯定知道，一个国家在战争中被打败，会绝对地顺服于一位征服者，这位征服者也可以运用迫使该国降服的同样武力迫使他们遵守他的法律。假如一个国家挑选了一个人或一群人运用法律来治理他们，那就必须也给他配备上武装人员和金钱，所有这些都是他的职责所必需的，要不然，他的法律就没有约束力，而这个国家也会跟没有他之前一样处于混乱中。因而，使得法律具有效力的不是法律的文本，而是那个拥有国家之力量的人的权力。并不是梭伦制定了雅典的法律，尽管他设计了这些法律，相反，制定法律的是人民的最高法庭（supreme court of the people）；同样，在优士丁尼时代制定帝国法律的不是罗马的法学家，而是优士丁尼本人。

哲学家：这么看来，我们在这一点上看法相同，即在英格兰是国王制定了法律，不管是谁执笔书写了法律文本；在下面一点上我们的看法也相同：假如没有征兵之权，则国王无法使其法律生效，也不能保卫其人民不受外敌侵略。因而，他可以合法地、通常他也确实觉得招募一支军队（在某些情况下必须很庞大）是必要的；我是说，招募军队，也征收维持它的税赋。我不怀疑你会承认这是合乎普通法的，至少是合乎理性之法的。

法律家：就我来说，我承认这一点。但你已听到了，在最近的纷乱期间及其之前，人民却有另外的想法。他们说，国王怎么可以借口紧迫需要而从我们这里拿到他看中的东西，而究竟什么是必需的,他自己却又来充当裁判者。即使是外敌入侵,我们的状况也不会比这更糟吧?他们怎么能够从我们这里拿走超出他们所公布的名单上的东西?

哲学家:人民的推理是不正确的。他们不知道在诺曼征服时代我们处在什么状况,作为一个英格兰人,那是一个耻辱;假如英国人嘟嘟囔囔地抱怨他被其诺曼主子置于低下位置,得到的回答恐怕只能是:尽管你很有才能,但你是个英格兰人。不管是人民,还是那些纵容自己的不服从的人,都未能阻止国王去征收超出定额的税款,这些命令或者出自他本人,或者经由他的议会之批准;相反,当征服者确有这种需要时,也不必提出什么理由来说服人民相信他必须这样做。人民对于国王的贪欲所发出的最大抱怨只是,国王偶尔让其亲信发财,尽管这些财富相对于整个王国的财富是微不足道的;这与其说是抱怨,不如说是嫉妒。不过,关于征兵,我请问你,制成法是如何规定的?

法律家:关于这一点,距今最近的制成法是查理二世13年法第六条(13 Car. Ⅱ. cap. 6),根据这一法律,获授对于英格兰之军事力量的最高治理权、命令权和处置权,乃是并且一直就是英格兰历代国王之古老的权利。但在该法案中也有一个限制性条款,即该法案不应被解释为宣告国王可以流放其臣民,或迫使其迁出王国;但反过来,该法案也未宣布这种做法是非法的。

哲学家:为什么没有就此做出决定?

法律家：我可以充分地想象其中的原因，尽管我可能想得不对。我们希望在我们中间由我们的国王而非代理人（deputies）来统治，不管是本国国王的代理人还是他国的代理人。但我确实相信，假如外敌入侵我们，或者已做好入侵英格兰、爱尔兰或苏格兰的准备，而议会不在会期，若国王派英格兰士兵应战，议会将会对他表示感激。那些被亚历山大大帝的荣耀所感动并效仿这种行为的国王的臣民，并不总会过上最舒适的生活，这样的国王通常也不能长时间地享有被其所征服之国家。他们会不断地前进、后退，就好像要在一块木板上站稳，就必须站在它的中间一样；在一边翘起时，另一边会落下去。

哲学家：完全正确。但是，根据国王的良心的判断，若确实需要士兵，比方说面对一次民众起义或国内的叛乱，那么，若没有一支现成的规模相当大的军队并有财力支持，该王国怎能维系呢？而在国库匮乏招来邻国国王侵犯和难以驾驭的臣民反叛之时，怎样能够为这支军队筹措经费呢？

法律家：我不知道。这是政治问题而非法律问题。但我知道，制成法有明文规定，如未得到议会同意，国王不得自行向其臣民征集经费。其中一份制成法是爱德华一世25年法第6条（25 Edw. I. cap.6），里面有这样的话：我们代表我们及我们的继承人向大主教、主教、男修道院院长、小隐修院院长及神圣的教会的其他人士，也向伯爵、男爵及本国之全体平民表示同意，从今以后，我们不会向任何事业征取此类协助金、摊派和捕获品（aids, tasks, or prizes），除非得到本王国之共同同意。爱德华一世也有一部制成法［即爱德华一世34年第四部法（34 Edw. I. stat.4）］，其中说道：如未得到大主教、主教、伯爵、男爵、骑士、自治市市民及本国其他自由人之发自内心的同意和一致赞成，我们和我们的继承人将不在本王国内征取捐税（tallage）或协助金。自那之后，这些制成法得到多位国王的确认，目前在位的国王则给予了最新确认。①

哲学家：这些我都知道，并且我也很满意，我就是平民，是上帝规定应向国王及其他主权者服务的几乎无以计数的人们中间的一位；因为，上帝是为人民造出国王，而非为国王造出人民。但除非国王，即你所说的唯一拥有征召和支配军队之权利的人，已经有了现成的金钱，在任何情况下都可随时以其购买兵器、养活目前的防御或人民和平所必需之足够数量的士兵，我自己又将如何保护自己不受那些操别种语言、蔑视我们、试图把我们变为奴隶的傲慢无礼的外人之侵凌，或者说，我如何避免内战中残酷的派系斗争所带来之破坏？那样的话，你、我和每个人难道不都将被毁灭？假如议会正好不在会期，或者也许根本就没有议会——这也是常有的事，那就别跟我讲议会［能救我们］。即使有一个议会，但假如议会中雄辩滔滔和发挥领导作用的人阴谋削弱

---

① 这是爱德华一世在位第25年（1297年）确认颁布之《大宪章》。1215年，英王约翰被迫与世俗和宗教贵族签署《大宪章》。其子亨利三世曾两次颁布之，以确认其效力。爱德华一世是亨利三世之子，发布了最后一次修订的《大宪章》，其文本固定下来。但此后仍有国王多次进行确认性颁布。

二　论主权性权力

君主政体——1640年11月3日开幕的议会[①]就是如此,那么,应当就其人民的安全对全能的上帝承担责任、为此目的也被授予征召和支配军队之权的国王,岂不会因为你所说的议会的那些法案而失去履行其职责的能力?假如这就是理性,那它就是将人民弃之不顾的理性,或者让人民彼此互相残杀直至最后一人的理性;假如它不是理性,那么,你就得承认,它不是法律。

法律家:确实如此,假如你是指正当理性(recta ratio)的话,而这种正当理性,我承认是法律,就像爱德华·库克爵士所说,它是对理性的一种技艺性完善,是经由长期研究、观察和经验所获得的,而非每个人的自然理性,因为,没有人生来是有技艺的(nemo nascitur artifex)。这种司法理性是"最高理性"(summa ratio),因而,即使分散在很多人那里的全部理性集中于一人,他也不可能造出像英格兰普通法这样的法律来,因为在很多代人的传承中,它得到无数认真而博学之士的细化和去芜存菁。他所说的普通法就是这样的。

[①]　指长期议会(Long Parliament),1640年11月由查理一世召集,1653年被克伦威尔解散,又于1659年复会,直到1660年3月方解散。这是一个限制和反对王权的议会,召开后即通过了一系列限制王权的法案,弹劾了支持强化王权的斯特拉福德伯爵、13名主教和6位法官;通过了《三年选举法》以限制国王随意解散议会之权,废除了造舰税(ship-money)、星室法院(Star Chamber)和宗教事务高等法院(Court of High Commission),并宣布强制征兵为非法;1641年,这个议会向国王提出《大抗议书》(Grand Remonstrance)。1642年1月,因查理一世率军企图逮捕皮姆(John Pym)等5名反对派议员,而与国王决裂。霍布斯对长期议会多有批评,详见下文。

哲学家：你觉得这是一个健全的学说吗？尽管确实无人生来就会运用理性，但所有人都可能成长得跟法律家一样出色；当他们将自己的理性运用于法律（在其研究之前，这些法律就是法律，否则，他们所研究的也就不是法律），他们也可以跟爱德华·库克爵士一样适合于并有能力进行司法裁决；但不管其理性的效用是大是小，他也不会因此而成为法官；他之所以成为法官，只因国王任命了他。尽管他说，一个人即使把分散在很多人头脑中的理性集中于自己头脑中，也不能造出像英格兰普通法这样的法律，但假如人们追问他，是谁造出了英格兰普通法，他会回答，是一代又一代英格兰法律家或法官造出它，还是一代又一代国王？人们还可以问他，这些国王是不是基于自己的理性或者单独造法，或者在其议会贵族院和平民院的忠告下造法，而根本没有法官或普通法传授者的事？因此你会看到，国王的理性才是"法律的灵魂"（*anima legis*），是"最高的法律"（*summa lex*），而爱德华·库克爵士所说的法官的理性、学识和智慧则不是。然而，你可以看到，在《英格兰法律总论》中，他总是抓住一切机会来赞美法律家的学识，他永远把他们美化为议会的圣贤或国王枢密院的圣贤。因此，除非你还能讲出别的理由，否则我就要说，国王的理性，当其基于建议和深思熟虑而公开宣布出来，就是"法律的灵魂"。而所有人都同意，属于理性之律法的"最高理性"和"衡平"是且永远都是英格兰的法律，因为它跟《圣经》一起将我们变成了基督徒。

法律家：那教会的教会法不也是英格兰法律的组成部分，还有海事法院（the Admiralty）所运用的罗马帝国的法律，及各个地方的习惯、各种法人（corporations）和拥有司法裁判权的法院的内部章程？

哲学家：为什么不是呢？因为它们都由英格兰历代国王所确定：尽管海事法院所使用的民法最初是罗马帝国的制成法，但由于它们根据的是国王的权威而非根据别的权威而发生效力的，因而它们现在也都是国王的法律、国王的制成法；教会法同样如此，由罗马教会所制定的那些教会法，自伊丽莎白女王登位之初起即不再是法律，在英格兰不再具有效力，而我们所保留的那些，只是借助英格兰的国玺（the great seal）才具有效力。

法律家：限制国王未经议会同意而征税的上述制成法中，你有没有可能举出一些例外？

哲学家：没有。我满意地看到，那些授予臣民这些自由权利的国王们一向致力于国民的福利，他是问心无愧的。但假如一位国王觉得，这样的授予（grant，特权的授予）让他无法保护其臣民，如若他还坚持这些特权之授予，他就是有罪的（sin）；因而，他可以，也应当不管这些特权之授予。因为，这些特权假如是由于失误，或者是在错误建议下从他这里得到的，那么，就像法律家所说的，它们就是无效的，不具有效力，当予以撤销。国王应动用他所能得到的一切手段，承担起保护其人民不受外敌侵犯，并确保王国内部人民中间和平之责任；假如他未尽其最大努力来履行其这一责任,他就是在犯罪,而国王或议会都不应犯这样的罪。

法律家:我想,无人想否认这一点。假如征税是必要的,那议会拒绝它就是犯罪;假如征税是不必要的,则国王和议会征税就是两者都在犯罪。尽管如此,假如拥有主权权力者——不管他是一个人还是一个议事会(assembly),整个国家的安全都被委托给他——仅相信自己天生的能力而不征询他人意见,这些人或者根据其经验和在外国工作的经历,或者通过文字情报,或者通过其他手段而对敌国的实力、优势和图谋以及该敌国所能带来危险之途径和程度有一定程度的了解,如果不征求意见而自己轻率决定战与和,那这可能是、我认为这就是那拥有主权权力者在犯罪。若遭遇国内叛乱,而他不向那些人咨询军事形势,也同样是在犯罪;若他做了咨询,那我觉得,他可以合法地去降服所有外敌和叛乱分子;而士兵们也应勇猛向前,不论是在国外还是在国内。因为,一个人既然要镇压叛乱,难道不应拥有征集、指挥和部署军队的权利?但是,最近的长期议会却否认了这种权利,这是为什么呢?这是因为,借助于多数选票,他们以削弱君主政体为目的发动了那场叛乱,并坚持这一目的。

哲学家:因此,我不会对国王及其继承人做出的那些规定进行攻击。那些制成法本身确实对国王和人民是非常有益的,因为它给那些为了征服的荣耀而花费其臣民部分生命与财产来骚扰别的国家且听任其余人民的生命与财产在国内派系斗争中被毁灭

二 论主权性权力

的国王制造了一些障碍。我觉得这里的失误之处在于，这些及其他类似制成法遭到了曲解，试图约束我们的国王，不让其在保卫他们自己及其人民时使用他们的武装。最近的长期议会，即那曾在1648年谋杀了其国王（这位国王并未试图增加自己在现世的荣耀，反而纵容了其人民，并且是英格兰教会的虔诚的保护者）的议会，刚刚占取了主权权力就立刻专断地向人民征取钱财。他们的臣民可曾对这种权力提出过异议？他们难道不也是派士兵跨海去征服爱尔兰，又派另一支军队到海上进攻荷兰人？而对这些人的命令，臣民们除了服从之外可曾有过任何怀疑？因为，发布这样的命令乃是绝对地属于主权权力——不管它在谁人之手——的一种权利。我不是认可这些人的行为，而是借那些人之口来做一个证明，这些人竟然不给他们不久前还承认拥有对他们之主权的人以这种权利。这已经足以证明，英格兰人民从来都不否认，国王拥有为维持其军队而征取经费的权利，只要他们不受煽动家等空谈之徒的唆使而滥用这种权利——而这些人的目的却是将国家和教会变成民众政府，在这种政府治理下，最为无知而最大胆的空谈者通常占据最高位置。还有，假如他们新成立的共和国被奥利弗·克伦威尔（Oliver Cromwell）又变为君主制，谁又敢以《大宪章》或者你刚才提到的议会通过的其他法案为借口不给他钱？因而，你可以认为它是优良的法律，因为你们的著作都承认，在任何时候，只要英格兰国王根据其良心认为征集一定数量的士兵、征收一定数量的钱财是保护其人民所必需的，那他就可以按其愿望征集、征收之，而他自己就是这种必要性之裁判者。

法律家：难道不让人在门口听听？

哲学家：你担心什么呢？

法律家：我的意思跟你说的相同，但还有很多人依然坚持他们以前的原则，不管是内战的灾难还是对他们的宽恕都没有彻底地医治他们的疯狂。

哲学家：普通人从来不会留意他们听到的这类性质的话，除非他们受到自以为明智而又说统治者坏话的人的唆使，即某些教士或某些似乎有法律学识者的唆使。然而，假如国王注意到或担心对其人民的巨大危险（比如当其邻国被一股进行征服的敌国的洪流压倒），并觉得他自己的人民也可能面临同样的灾难，他难道不能征召、支付及调动士兵去帮助这些处于弱势的邻国，以此防范自己的人民和他自己遭到奴役？这也是犯罪吗？

法律家：首先，假如外敌对我们邻国的战争是正义的，人们可能怀疑，违反这种正当而协助他们是否合乎自然的公正（equity）。

哲学家：就我而言，我绝不会产生如此疑问，除非入侵者将且能使我获得安全，保证不管是他还是他的继承人将不利用对我的邻国的征服之优势对我不利，或在未来不会对我做同样的事情。然而，并没有一个公共权力来约束征服者信守这一和平。

法律家：其次，在发生这样的事情时，议会不会拒绝自愿对他们自己和整个国家的安全做出贡献。

哲学家：它可能这样，也可能不：因为，假如那时并未召集议会，此时就必须召集议会；而这需要六周时间，辩论征召议会批准的士兵和税款又需要更多时间，在这段时间内，机会可能丧失了。此外，我们也都听说，在最近战乱中有多少悲惨的灵魂？获得胜利的人又何曾关心过这些？我们没有能够筹集金钱、士兵以满足他们［对和平］的要求，现在我们可以拿出很多。只要他们的贪婪和无知凑到一起，他们就会嘟嘟囔囔，究竟是谁将治理他们，他们一向都是如此；假如不以较好的命令作为他们履行依据理性和宗教而承担之义务的指南，在世界末日来临之前，他们就总是这样。

法律家：正是因为这些，我觉得确实难以同意，国王有权以紧迫需要为借口从其臣民那里拿走他喜欢的东西。

哲学家：我知道，这一点将使你的良心为难。所有人在其愿望落空后都会苦恼。但这是我们自己的错。首先，我们所期望的是不可能之事；我们希望以财产权为基础使自己获得相对于整个世界的安全，却不想为其付钱，这是不可能的。不然，我们也可以指望鱼和禽自己会煮熟、烤熟、自己装盘并来到餐桌上，指望葡萄自己榨成葡萄酒跑到我们嘴里，并指望享有住在安乐之地的幸福的人们所享有的一切便利舒适。其次，在这个世界上，没有一个国家之拥有主权的他或他们在觉得需要保护其国家安全时，不征取其认为对保护国家所必需之金钱。最近的长期议会拒绝了国王的这一要求，然而又是为什么呢？仅仅因为他们已经有一个废黜国王的阴谋。第三，据我所知，在英格兰，没有一位国王曾经假装有这种迫切需要而违背自己的良心征取钱财。用当时的币值折算成现在的币值，有史以来征取数量最大的一笔钱财，由爱德华三世（Edward Ⅲ，1312—1377）和亨利五世（Henry Ⅴ，1386/1387—1422）征取；而这些国王，我们今天仍加以赞美，认为其行动对英格兰居功至伟。最后一点，至于国王偶尔让其亲信谋取财富，这对王国并无太大影响，而这些财物尽管取自于王国，最后也要花出去，仍会被普通人民得到。身为人却以为我们不应遭遇任何不便，这本身便是我们的错误，我们竟然想与万能的上帝分庭抗礼。

法律家：我不知道该说什么好。

哲学家：假如你承认我所说的，那就得承认，人民永远没有、将来也不会、同时也不应当免于按照这个或那个人的意志交税；假如内战爆发，后者就必然征用他们所拥有的一切，或者是这边来征取，或者是那边来征取，也可能是两边同时来征取。如果忠诚于国王，国王的胜利就意味着其麻烦的终结；如果忠诚于国王的敌人，那麻烦就没个尽头；因为，由于不断地分裂，战争将会持续下去，到战争结束时，他们的状况跟以前是一样的。他们经常会被看起来聪明的人所利用，此时他们的智慧无非就是嫉妒那些地位高贵、占有有利可图之位的人而已。而那些被认为聪明的人则不过是利用普通人来追求自己的目的，即建立一种私人对抗公共安全的体制。还得承认，国王只服从上帝的律法，不管是成文的还是不成文的，而不服从任何其他法律；征服者威廉就是这样的，而他的权利又被全部传给了我们目前的国王。

法律家：至于理性的律法，即衡平，有一个立法者就确实足够了，他就是上帝。

哲学家：由此可以推论，与制成法有别，你所称之为普通法的东西不是别的，就是上帝的律法。

法律家：从某种意义上说是的；但它不是福音，而是自然的理性、自然的衡平。

哲学家：你是否要让每个人都对别人声称法律就是他自己的特殊的理性？在任何国家，除了拥有主权权力的人之理性外，在人们中间不存在一个一致同意的普遍的理性，而尽管主权者的理性只是一人之理性，它却可以取代普遍的理性，这种普遍的理性已由我们的救世主在福音中阐明给我们了；结论就是：我们的国王是我们的立法者，不仅是制成法的立法者，也是普通法的立法者。

法律家：是的，我知道，属灵的律法（教会法）在废除天主教会后仍是本王国的法律,但这是因为它们是国王的法律,在那之前所制定的教会法律也一样是国王的法律。因为,除非国王和国家在其各自领地中使之成为法律,罗马的教会法就不是法律,在这里不是,在没有教会之世俗领地的地方也都不是。

哲学家:我承认这一点。但你也必须承认,这些教会的法律是教会法的立法者所制定的,而根本不是国王和议会在获得贵族院和平民院同意下制定的;但迄今为止,我们本国的国王只要判断某法律有利于其人民的福利和安全,就必然获得贵族院和平民院的同意。举例来说,假如贵族院和平民院建议他恢复那些在玛丽女王时曾经有效的教会法律,我想,国王将会根据理性的律法而无须其他上帝的律法之助,即可驳回这一建议。

法律家:我承认国王是唯一的立法者,但需要有一个限制,即假如他不征询他的议会的贵族院的意见,不听取平民院的申诉和沟通——他们都最熟悉自己的需求,则国王就对上帝犯下了罪,尽管他不能被其臣民以武力和暴力胁迫做任何事情。

哲学家:我们已经在这一点上达成共识了。因而,国王就是唯一的立法者,我也认为,这理由也使国王理应成为唯一的最高法官(sole supreme judge)。

三 国王是最高法官

法律家：这是毫无疑问的，因为，要不是这样的话，根据法律做出的判断也就没有一致性了。我也承认，国王是在其统治疆域内、在所有民事与教会案件中、可对所有人做出裁断的最高法官。其依据不仅是现时的议会法案，根据普通法，他也向来如此。为对上述两类案件进行裁决，全体法官（the Benches）都是根据国王的委任状而获其职位的，主教们的司法审判权也是这样获得的。御前大臣（the Lord Chancellor）也是由国王加盖英格兰国玺而获其权力的。而且，我们还可以立刻补充说，不管是负责审判事务的还是负责执行事务的，不管是国家的还是教会的，不管是在和平时期还是在战时，任何负责公共事务的行政司法官和专员（magistrate and commissioner），除非依据国王的权威，否则不能得到上述权力。

哲学家：确实，但如果读到下面的议会法案，你也许会有别的想法，这些法案说，根据本法案，国王得拥有做这个或做那个的权力和权威，比如伊丽莎白女王法第一条（Eliz. cap. 1）法案说，"陛下、陛下的后人和继位者，本王国的国王或女王，根据加盖英格兰国玺而获效力之本法案，拥有指派某某之完全的权力和权威云云"。这难道不是议会授予女王以此种权威吗?

法律家:非也。因为,该制成法中的本条款无非如爱德华·库克爵士所说,乃是对普通法的一种肯认(affirmance)。因为女王是英格兰教会之首脑,可任命专员来裁决教会事务,她跟教皇一样拥有这种自由,而教皇则宣称其权利来自上帝的律法。

哲学家:迄今为止,我们大谈法律,却未考虑法律的性质和本质问题;现在,我们需对世俗性法律给出一个定义,否则,我们进一步的讨论就难免含糊与谬误,那就只是浪费时间。相反,假如我们对用词达成一致,后面的讨论才会较为有益。

法律家:我不记得在哪一部制成法中有法律的定义。

哲学家:我想是这样的。因为制成法是由权威制定的,而不是从照料人民的安全之外的别的什么原则中抽绎出来的。制成法不是哲学,跟普通法及别的容易引起争议的技艺不一样,而是命令和禁令(commands and prohibitions),其之所以得到遵守,乃是因为在这里,由于[英格兰人]被降服而向征服者表示同意遵守之,在别的国家也对主权权力表示同意遵守之,不管该权力属于谁;因而,所有地方的实在法(the positive laws)都是制成法。因此,制成法的制定者是不需要法律的定义的,尽管在教授关于法律的知识时非常需要对法律下定义。

法律家： 在布拉克顿（Bracton）的著作中有一个很精确的定义，爱德华·库克爵士曾引用过：法律是正义的制裁条款，要求做诚实的事情而禁止做相反的事情（Lex est sanctio justa, jubens honesta, et prohibens contraria）。

哲学家： 意思是说，法律是正义的制成法，要求做那些诚实的事情，禁止做相反的事情①。由此可以推论，在任何情况下，一定是诚实和不诚实把该命令变成了法律；然而你知道，诚如圣保罗（St.Paul）所言，仅借助法律，我们不可能知道什么是罪（sin）。因此，这个定义根本不能成为我们进一步讨论法律的基础。此外你知道，有关诚实和不诚实的规则涉及荣誉，而法律所处理者仅为正义和不正义。不过在这一定义中，我最不能接受的是它假设，由国家的主权性权力所制定之制成法可能是不正义的。在由人所制定之制成法中确实可能有不公平（iniquity，或译司法错误、法律瑕疵），但不会有不正义。

法律家： 这种说法有点玄妙。我希望您更清晰地予以阐述，在不正义与不公平间有何区别？

哲学家： 我请您先告诉我，司法法院（court of justice）与衡平

---

① 注意，这位哲学家的解释与拉丁文意有所出入，而这一出入关系重大。法律家上引定义中之"sanctio"意为制裁条款、惩罚条款、罚则等，而并非就是制成法。哲学家在这里偷换了概念。

法院（court of equity）有何区别？①

法律家：司法法院乃是拥有以本王国实在法（the positive laws）进行终裁的诉讼之司法管辖权的法院。衡平法院则是这样的法院，对那些依据衡平法，也即根据理性的律法来裁决的案件拥有司法管辖权。

哲学家：据此你可以看到，不正义与不公平之间的区别在于：不正义乃是对制成法的违反，不公平则是对理性的律法的违反。不过，你说普通法时所指的不是普通法本身，而是普通法中的审理方式，即由十二个人、十二位自由地产保有人（freeholders）进行审理。②尽管这十二个人不是衡平法院，也不是司法法院，因为他们并不决定什么是正义或不正义的，而仅决定被告是否做了违法行为，而他们的判断无非是对证人的判断的一种确认而已；因为，严格说来，除了证人之外，任何人都无法对事实做出判断。

法律家：那么，你给法律怎样下定义呢？

---

① 衡平在人类法律史上源远流长。在英格兰和美国存在两套法律与法院系统：普通法与衡平法。衡平法院系根据衡平（equity）、正义（justice）、公平（fairness）原则而非严格的法律规则行使司法管辖权，而司法法院则以严格法条进行裁决。然而，司法法院（即普通法法院）所追求者亦为正义，因而归根到底，衡平法通常是对严格法原则的缓和，试图使裁决符合实质公正的目标。
② 此处指普通法发展出来的陪审团制度，其中最常见的小陪审团由十二位骑士或自由民组成。

三 国王是最高法官

哲学家：因此，法律就是拥有主权性权力的他或他们向其臣民所发布之命令，公开地、明白地宣告他们每个人可以做什么、必须克制不做什么。

法律家：鉴于在所有的法庭上，一切法官都是根据衡平（equity①）——理性的律法——进行判断，因而在我看来，一套自成体系的衡平法院是多余的，而给人民额外增加了一层负担，因为普通法和衡平乃是同一套法律。

哲学家：假如法官不犯错的话，确实会是如此；但由于法官可能出错，而国王则不受除了衡平的律法之外的任何法律的约束，因而唯有他可以给予那些由于法官的无知或腐败而可能遭受损害之人以救济。

法律家：根据你给法律下的定义，加盖英格兰国玺并经国王所宣布者（proclamation）即为法律；因为，法律就是主权者公开地发布给其臣民的命令。

哲学家：为什么不呢？假如他觉得这是其臣民的利益所必需者。因为，爱德华·库克爵士自己就曾经宣称过这样一个普通法的准则②（《英格兰法律总论》第一卷第 306 节）：当法律做出一

---

① 或译自然的公平，此处当非指特别意义上的"衡平法"。事实上在罗马法中，无所谓衡平法，但衡平却是法官进行判断的重要依据。
② "maxim"，即法律原则、法律准则，它们本身不是法律，但在具体案件的裁决中，可以成为法律。

些允准,必随之给予实现允准之手段(Quando lex aliquid concedit, concedere videtur et id per quod devenitur ad illud)。从库克爵士的书中你也可以了解到,英格兰国王们经常在他们所批准之议会请愿书(the petitions)中附加如下例外条款:如有必要,则保留我们的王权(regality);我想,这一点应当始终得到理解——尽管它们并没有被明白表达出来;而普通法法律家显然是理解了这一点,他们承认,国王可以收回他因受骗而给予之授权(grant)。

法律家:不过,你将公开地、明白地向人民宣布作为法律的本质,我看不出有这种必要性。假如没有臣民的同意不可能通过任何议会法案,臣民怎么可能不会注意到每一部议会法案呢?

哲学家:假如你说,如果他们不知道就不能通过任何法案,那么,他们确实必然会注意到这些法案;但除了议会两院的议员之外,旁人是不可能知道这些法案的。因而,人民中之其余部分就有了托词。要避免这种情况,各郡的骑士①就应在回到各地后,由人民出资,将议会法案多加印制;每个人都可以向他们索取,自己直接或通过亲朋知道他们有哪些责任。否则的话,他们就不可能遵守;没有人有义务做一件不可能之事,这是爱德华·库克爵士所说的普通法中的一项法律准则。我知道,大多数制成法都公开印制了,但看起来并不是每个人都有义务购买制成法印本,也没有自己到西敏寺或伦敦塔去查找,更没有理解被写在这些制

---

① 指各地派往下院之议员,在中古,议会并非常年开会,而是由国王下诏召集,在议会闭幕期间,议员们各回家乡。

成法里的大多数条文。

法律家：我承认，这是他们自己的错；但是，除了孩童、疯子和白痴之外，任何人都不能以不了解理性的律法，也即不了解普通法作为托词①。但你强求人们留意制成法，则几乎是不可能的。在任何地方都有足够数量的刑事制成法印本，这不就够了吗？

哲学家：是的，假如他们能够随手找到这些刑事制成法，确实就够了。不过，为什么制成法的印本不能像《圣经》那样广为流传呢？你能给出什么样的理由？

法律家：我想，每个识字的人都拥有一本制成法汇编，这是很好的，因为显然，不了解这些法律，人们的生命和财富就可能处于危险之中，危险还可能很大。我觉得，你的法律定义中有一个巨大错误，也就是，每部法律都要么是禁止要么是命令某种事情。道德律（the moral law）确实一向是一种命令或禁令，至少隐含这些。但《利未记》的律法②说，偷一只羊的人该偿还四倍，③在

---

① 这是普通法的一条原则。普通法假设，每个正常的成年人均具有正常的理智与情感，须对自己的行为承担责任，因而假设，在特定状况下，人们应当知道，有些事可为，有些事不可为。其间的具体界限，通常由陪审团决定。
② 《圣经·利未记》（Levitical Law）记载了耶和华为以色列人所立的有关宗教与民事的法律。事实上，《圣经》旧约前五卷被统称为《律法书》，乃是耶和华为以色列人所立的法。
③ 见《圣经·出埃及记》22:1："人若偷羊或牛，无论是宰了，是卖了，他就要以五牛赔一牛，四羊赔一羊。"

这些规定里,又命令或禁止了什么呢?

哲学家:像这样的句子本身不是概括性的,而是裁决;尽管如此,在这些句子中也隐含着对法官的一条戒律(commandment),督促他们做出四倍返还的判决。

法律家:很正确。

哲学家:那么请界定一下正义是什么,什么样的行为和什么样的人可以被称为正义的。

法律家:正义就是给予每人以属于自己的那种持久的意愿;[①]也就是说,给予每人以其应有的权利,这样就能排除任何他人对同一物的权利。一件正义的行为乃是不违背法律的行为。一个正义的人就是拥有正义地生活之持久意愿的人;假如你提出再多要求,那我怀疑,恐怕没有一个活着的人合乎这一定义。

哲学家:因此,既然根据你的定义,正义的行为就是不违背法律的行为,那么很显然,在没有法律之前就可能没有不正义;因而,法律就其性质而言是先于正义和不正义的。而你也不能否认,在有法律之前,进而在有正义(我所说的是人的正义)之前,肯定有法律之制定者;而法律制定者是先于你称之为"自己的"的东西,也即区分为我的、你的、他的(meum, tuum, alienum)财

---

① 这是优士丁尼《法学总论》的第一句话。

物或土地之财产权。

法律家：必须承认这一点。因为，如果没有制成法，所有人都对所有东西拥有权利；我们也曾经有过这样的经验，我们的法律因为内战而陷入沉寂之时，对任何东西，没有一个人敢有把握地说，它们是属于他的。

哲学家：因此，你该明白，除非从国王或拥有主权性权力的一群人而非从其他人那里获得名分（title），否则，任何个人都无法对任何土地或财物主张某种所有权；因为，正是由于有了该主权者，每个人才不会进入和占有他自己所喜欢者；因而，不给主权者以维系其主权权力所必需者，也就是在摧毁人们所声称的所有权。接下来我要问你的是，你怎么区分法律与正当（law and right）①，即"*lex* and *jus*"②。

法律家：爱德华·库克爵士在多处谈道，法律与正当是一回事，因而普通法（*lex communis*）和普遍的正当（*jus communis*）是

---

① "right"既有正当之意，又有权利之意，霍布斯似乎在两个意思间来回转换，因而，以下译文中有时译为正当，有时译为权利。
② 在拉丁文中，这两个字有相当大的区别。通常，"*jus*"指市民法，其形成不依赖于城邦的命令；"*lex*"是由人制定与颁布的法，其中公共性的部分，在共和国时代由民众根据执法官的建议加以表决通过。关于两者的关系，有学者这样论述："'法律'的效力以'法'的存在为前提条件，因而它不可能直接地变通或修改'法'；当它对'法'产生渗透作用时，如果打算修改或者禁止'法'的后果，它只能设立某些手段，以抵消已有效力的结果。"（〔意〕朱塞佩·格罗索著：《罗马法史》，黄风译，中国政法大学出版社1994年版，第108页。）

一个东西；我没有看到他在什么地方把两者区别对待。

哲学家：下面我将区分它们，并让你来判断，让每位普通法法律学者了解我的划分是否不必要。法律迫使我做或禁止我做某些事；因而，它对我施加了一项义务（obligation）。而我说的权利，则是法律留给我做法律不禁止我做的事情，及不做法律不命令我必须做的事情的自由。爱德华·库克爵士没有看出承担义务与享有自由之间的差别吗？

法律家：我不知道他是怎样说的，但他确实没有提到这一点。一个人没有他自己的自由也行，但对于法律却不能这样。

哲学家：但国内的叛乱团体或国外的敌人抢走你的财物或霸占你拥有某种名分的土地，对你的权利又有什么好处？而除了依靠国王的力量和权威，你能得到保护或救济吗？因此，什么理由竟能使一个致力于保护其所有权的人却不承认可以保护他或救济他的力量或不为其做贡献？让我们看看你们法律家的著作对此及对主权者的权利等诸问题都说了些什么。普通法最可信的著述者布拉克顿曾经说过（第55折页）："*Ipse Dominus Rex habet omnia jura in manu sua, sicut Dei vicarius; habet etiam ea quæ sunt pacis; habet etiam coercionem, ut delinquentes puniat; item habet in potestate sua leges. Nihil enim prodest jura condere, nisi sit qui jura tueatur*。"也即：我们的国王控制所有权利；是上帝的代理人（vicar）；他需对国家的治安承担全部责任；他拥有惩罚违法者的权能；全部法律都取决于他的权力；制定法律本身不是目的，除非有某些人遵守它们。假如布拉克顿所说的法律是理性，就像你我所认为的那样，那么，还有哪些世俗权力不属国王所有？既然当年布拉克顿允许教皇拥有的属灵权力今天全部属于国王，那么，除了有悖于上帝的律法的罪之外，还有哪些事情是国王不能做的？同样是布拉克顿又曾这样说过（同上第二卷第8章，第5折页）: "*LSi autem a Rege petatur, cum breve non currat contra ipsum, locus erit supplicationi quod factum suum corrigat et emendet; quod quidem si non fecerit, satis sufficit ei ad pœnam, quod Dominum expectet ultorem: nemo quidem de factis suis præsumat disputare, multo fortius contra factum suum venire.*"意思是说：假如向国王要求某些东西，如果令状并不禁止它，他就可以呈交他的请愿，请求国王修改和修正他自己的事实；对此，假如国王不愿为之，那就是对他的一个充分惩罚，而对此，他只能希望上帝对国王给予惩罚：没有人可以僭称可对国王之作为提出异议，更不要说抵制他。由此你可以看出，这种关于主权者之权利的学说才是古老的普通法，然而，长期议会竟然拒绝接受下面这点：英格兰国王唯一的约束只应是对上帝的敬畏。布拉克顿又说（同上第二卷第24章，第55折页）: 国王的权利不可能被出让，"*Ea vero quæ jurisdictionis sunt et pacis, et ea quæ sunt justitiæ et paci annexa, ad nullum pertinent nisi ad coronam et dignitatem Regiam, nec a corona separari poterunt, nec a privata persona possideri*"。也就是说：那些属于司法与治安的东西，和那些随附于正义与治安的东西，不属于任何人，仅属于国王的王冠和王位，与王冠不可分离，不可由私人占有。在成书于爱德华二世（Edward Ⅱ，1284—1327）朝的一本法律著作《弗莱塔》①中，你也可以看到，自由权（liberties）②，尽管由国王授予，但假如它们有可能妨碍正义或颠覆王权，就不应使用，也不允许使用；因而在该书（同上第一卷第 20 章和 54 章）关于王权的篇章中，第 54 章探究巡回法官（the justices itinerant）的章节是这样说的：你应当调查已被授予而妨碍公共正义、可能倾覆国王权力之自由权（de libertatibus concessis quæ impediunt communem justitiam, et Regiam potestatem subvertunt）。那么，臣民拥有妨碍国王为镇压或防范叛乱而筹措必需之资金的自由权，还有什么比这更严重地妨碍共同正义或更猛烈地倾覆王权的呢？因为，这些叛乱既会摧毁治安，也会颠覆主权者之权力。而且，若国王以下列措辞授予一件特许状："明文等等……在什么什么面前……于我和我的继承人（Dedita etc. ... coram etc. ... pro me et hæredibus meis）"，根据爱德华·库克爵士在其《利特尔顿评注》（Commentaries on Littleton）中所说的普通法，此时，这位授予者就授出了其赠予物；我想这是有道理的，尤其是假如这个赠予物是在考虑到对方会支付对价时才授予

---

① 《弗莱塔》（Fleta seu Commentarius Juris Anglicani），关于英格兰法律的一部论著，相传为一位法律人于 1290 年被困于"Fleet"监狱时所作，书也因此得名。
② 该词出现在《大宪章》中，在英国宪制史上有英格兰"臣民的自由权"（liberties of the subject）之说，这些特权、自由和权利，名义上是由国王赐予的，但在历史上由普通法法院予以确认，部分又由早期的宪法性文件如《大宪章》和后来的议会法案——如 1628 年由爱德华·库克领导制定之《权利请愿书》和《权利法案》等——予以确认。在英国这些权利之所以根深蒂固，主要是由于凡是权利受到侵害均可到法院寻求司法救济，诉讼形成救济，救济形成权利，而无救济则无权利。

的。假设某个外国对本王国提出权利主张（claim）（这与我提出的其是否公正的问题无关），那时，你该怎样让国王确保英格兰每位据此特许状从他那里持有土地的自由地产保有人的权利？假如国王不能征收税款，他们就会丧失自己的地产，国王的地产也会丧失；而假如国王的地产丧失了，他如何能够偿还履行这一保证的花费？我知道，国王的特许状并不仅仅是这样的财产转让证书（grant），它们也并不是法律；但是，它们是一类特殊的法律，非对国王的全体臣民而说，而只对其官员们言说；它们隐含禁止这些官员裁决或执行与该转让证书之规定相反者。很多人有能力判断什么是正确的理性，什么不是；如果这些人中的随便一个知道，在本王国中无一人不比自己高超或与自己平起平坐，那就很难说服他接受本王国的法律的约束；也不能说服他相信，不服从任何人而只服从上帝的人能够对他制定法律，且他不能像制定它的那人那样轻易地将其废除。很多民众持有的主要论点其实是源于一种莫名其妙的恐惧，这种恐惧则是由那些试图利用其力量实现自家目的的人灌输到其心灵中的。他们说，假如国王能够利用法律随心所欲地做其喜欢的事情，那就没有东西能够约束他，他只是畏惧来世的惩罚，那样的话，国王就不会畏惧什么惩罚，他不仅可以拿走我们的土地、财物和自由权，若他高兴也会拿走我们的生命。他们说得很对，但他们没有理由认为国王会这样，除非这样做有利于国王的利益；而这样做不可能有利于他的利益，因为他热爱自己的权力；如果他的臣民都被消灭或削弱，那他的权力会怎样呢？须知，他正是依靠臣民的数量和实力而享有权力的，他的每位臣民都是他的财富。最后一点，他们有时说，国王不仅要使其法律得到他人遵守,他自己也须遵守之。我认为,国王使其法律得到他人遵守,就等于他自己遵守了这些法律。因为,我从来没有听说,国王可被提起刑事诉讼、被提起民事起诉或被一纸令状传唤的法律会被视为优良的法律,直到长期议会,才对善良的查理国王做了相反行径,也因此,长期议会中不少人被处死,其余人则为当今国王所宽恕。

法律家: 由国王与议会宽恕。

哲学家: 你应当说是由"议会中的国王"(the King in Parliament),而不是由"国王与议会"①。但你不能否认,宽恕伤害者的只能是那些受到伤害的人。叛国罪等破坏治安与主权者之权利的种种犯罪活动对国王构成了伤害;因而不管是谁,要想这样的犯罪活动得到宽恕,就应知道他当只向国王请求宽恕;至于诸如谋杀、重罪等针对一般臣民的伤害,不管多么微不足道,我想有充分的理由要求在给予这种宽恕之前,都应对遭到伤害的当事人给予赔偿。一个人如果已经死掉,是不可能再恢复生命原状的,那么,他的亲朋、继承人或其他可以提起诉讼的当事人除了要求以其他方式给予大体合理的补偿之外,还能要求什么呢?他也许

---

① 戴雪在解释巴力门之含义时说:"巴力门(Parliament)一名当在法家口中流出(虽则寻常会话不是如此用法),实解作君主(the King)、贵族院(House of Lords)与众民院(House of Commons)的合体。当三者合成一体时,他们常被称为'议会中之君主'。"(《英宪精义》,雷宾南译,中国法制出版社2001年版,第116页。)议会中的国王——而议会本身又由贵族院与平民院构成,乃是英国混合政体之精髓。

只会对以命抵命感到满足,但这是报复,[这种权利]只属于上帝,并由上帝给予国王,而不属于任何其他人;因而,如果存在着大体合理的补偿,那么我认为国王可以宽恕他,而可以做到无罪(sin)。我相信,假如宽恕他是罪恶的,那么,不管是国王还是议会或者任何世俗权力都不能这样做。

法律家: 从你自己的推论可以看出,《大赦法案》①如果没有议会是无法通过的,因为,遭到伤害的不仅有国王,也有大多数贵族院议员和相当一部分平民。除非经过他们的同意,否则,这种伤害是不能获得宽恕的;这种同意是绝对必需的,应当获得议会的同意,获得贵族院和平民院的一致同意。

哲学家: 这我赞成;但请你告诉我,在一般性宽恕与《大赦法案》之间有什么区别?

法律家: "大赦法案"这个词在我们以前的法律著作中从未出现过,但我相信在你们哲学家的著作中曾经有过。

哲学家: 在很早以前的雅典,为结束内战曾经一致同意过一个法案,它规定从那时起,任何人不应因此前的所作所为受到追究,无一人例外;该法案被其制定者称为"大赦法案";不是说所

---

① 《大赦法案》(Act of Oblivion),查理二世于1660年颁布,其中规定,除法案中特别指定的人以外,对从1645年反对查理一世的叛乱开始到1660年查理二世复位期间的一切非法行为均予以赦免。

有伤害都会被忘记（因为否则的话，我们也就不可能知道那个故事），而是说，不再根据那些行为对任何人进行审判。在罗马，也曾模仿过这一法案，曾在尤利乌斯·恺撒遇刺后颁布过这样的法案，但没有发生效力。你可以很容易根据这样的法案推测，[根据《大赦法案》，]针对过去的违法行为的全部指控都被绝对地放弃和埋葬；但我们没有充分理由认为，个人彼此间所造成的伤害应被宽恕，除非在法案中有明确表达，否则就是对这些法案的违背。

法律家：那么看起来，《大赦法案》在这里无非就是一般的宽恕，而没有什么特别性质。

四 论法院

哲学家： 既然你承认，在所有争议中，司法审判权在源头上都属于国王，而鉴于无人仅凭自己有承担此类事务之职责，那么，要对如此众多而又多样的争议做出裁决，应当采取什么样的秩序（order）呢？

法律家： 存在着各式各样的争议，其中一些涉及人们对土地和财物的权利；有些财物是有形的，比如土地、货币、牲畜、玉米等，这些是可以摸得着看得见的；有些则是无形的，比如特权、自由权、封号、职位（privileges, liberties, dignities, offices）等美好的东西，它们纯粹是法律所创制的，摸不着也看不见。这两类东西都涉及我的和你的（*meum* and *tuum*）。而这些所涉及的违法行为可以通过各种办法予以惩罚；对其中一些违法行为，惩罚形式是向国王缴纳罚金或被罚没财物，这类诉讼被称为"国王之诉"①，因为是国王起诉当事人；另一种诉讼是私人诉讼（private plea），它们

---

① 国王之诉（a plea of the Crown），古时指国王对之拥有金钱利益的诉讼，如在刑事诉讼中科以罚金等。诺曼时代对国王之诉做出明确规定，不仅指国王对之享有金钱利益的诉讼，也指对于冒犯国王的犯罪行为的诉讼，如格兰维尔（Glanvill）所列举之叛逆、违反治安、杀人、纵火等。国王之诉接近于大陆法上的"公诉"。国王之诉均由王座法庭管辖。

被称作"民事诉讼"(appeal)。尽管在民事诉讼的裁决中，国王也应得到其罚没物，却不能被称为国王之诉；只有当国王为此而提出的诉讼才是国王之诉。还有一些争议涉及教会治理，为了宗教和道德生活。针对国王的违法行为和违反教会法的违法行为都是"犯罪"(crimes)①；而一个臣民对另一个臣民的违法行为，假如并不针对王权，国王就不介入这些诉讼，而由受到伤害的臣民得到赔偿。

哲学家：任何类型的违法行为都是犯罪，对其惩罚由王国的法律予以规定。但你必须明白，损害赔偿(damages)是对受到伤害的当事人的赔偿，与刑罚(penalty)的性质是不同的，完全是因为根据理性的律法当事人所应得到之返还或赔偿，也因此，损害赔偿与其说是惩罚，不如说是偿还债务。

法律家：按照这样的"犯罪"定义，你似乎抹杀了犯罪与罪(sin)②之间的区别。

哲学家：所有犯罪其实都是罪，但并不是所有的罪都是犯罪。罪可以是一个人的想法或隐秘的意图，对此无人能够判断，也没有证人，任何人也都不可能注意到；而犯罪是以违反法律的行为

---

① 犯罪(crimes)，特指国王认为危害了国家、社会以及公共利益，而以国王名义通过刑事诉讼程序予以惩罚的违法行为。犯罪与侵权的区别在于，犯罪通过刑事诉讼程序予以刑罚，而侵权则通过民事诉讼程序予以返还财产、赔偿损害等民事救济方式加以解决。
② 罪(sin)，对宗教上所设定的思想和行为标准的违反，在基督教中指人顺从私欲而违背上帝之律法的思、言、行，比如邪念、通奸、谋杀、贪婪、欺诈等。

体现出的罪,由于这种行为,他可以被指控,被法官审判,由证人予以确认或澄清。而且,本身并非罪且完全无关紧要的事也可以由实证法变成罪:比如,如果有一项制成法规定,任何人不得在其帽子上系丝绸,则在该法生效之后系丝绸就是罪,而在这之前则不是。更有甚者,有时一件行为本身是好的,而制成法可使之成为罪:比如可以制定一部制成法,禁止向身体强壮的乞丐施舍,则在该法颁布后这样的施舍就是罪,而在此以前则不是。因为,在此之前它是慈善,其目标不是一个穷人的身体状况或别的品质,而仅仅是其贫穷本身。再举一个例子,一个人如果在玛丽女王时代说教皇在英格兰没有权威,他将会被烧死;但在伊丽莎白王朝说同样的话,却可能受到表彰。由此你可以明白,很多事情都可以成为犯罪或不成为犯罪,不管其性质本身是否如此;是否属于犯罪取决于不同的法律,这些法律则是根据不同的意见或利益制定的,法律正是借由这些意见或利益而获得权威的。有一些事情,不管是好是坏,只要民众经常听别人以憎恶的口吻说起,则说其本身就是可憎的犯罪,这种说法也就会在民众中流传,就仿佛有很多看法,尽管其本身是虔诚的、合法的,但在此之前根据教皇的利益却被宣告为异端罪(heresy)。还有,有些争议发生于海上,有些则发生于陆地上。因此,需要很多法院来对如此种类繁多的争议进行裁决。那么,这些法院的管辖权是怎样分配的?

法律家: 在英格兰,有数量异常繁多的法院。首先,在世俗事务上有国王之诸法院,既有普通法的,也有衡平法的,包括大法官法庭①,有王座法庭②、王家民事诉讼法庭③;涉及国王的财政收入,则有财税法庭④;有一些根据特权设立的臣民之法院,比如,伦敦及其他获得特权的地方的法院。还有另外一些臣民的法院,比如领主法院(the Court of Landlords),包括男爵法院(Court of Barons)和郡法院(the Courts of Sheriffs)。教会法院今天也是国王的法院,尽管在此之前它们是教皇的法院。在国王的法院中,有一些是根据其官职而拥有管辖权的,有一些是根据特别委任状;有些法院拥有听审和裁决的权力,有些则只有调查之权,并将其案卷移送别的法院。

---

① 大法官法庭(Chancery),最初为文秘署,但也承担司法职能,比如签发普通法上的诉讼起始令状,在14、15世纪之后逐渐发展出了一套区别于普通法的司法惯例,形成衡平法院,由御前大臣主持。
② 王座法庭(the King's Bench 或 the Queen's Bench),1875年司法改革之前的英格兰王室三大普通法法庭之一,另外两个是王家民事诉讼法庭和财税法庭,而王座法庭的权力和地位略高,其首席大法官被称为"英格兰王室首席大法官"(Lord Chief Justice of England),并为另外两个王室法庭的上诉法庭。不过,该法庭对英格兰法律成长的影响却不如高等民事诉讼法庭。该法庭的管辖范围极其宽泛,下文将会略有涉及。
③ 王家民事诉讼法庭(Court of Common Pleas),12世纪开始从御前会议中分离出来,《大宪章》规定其应设立于固定地方,后即固定于威斯敏斯特,成为最重要的且最活跃的英格兰普通法法院,因为它管辖所有不动产权益之诉及债务之诉、扣留财物之诉等私人之间的民事诉讼。尤为重要者,该法庭于17世纪获得了发布禁止令状和人身保护令状的一般管辖权,对维护英格兰人民的自由、对抗王室特权,发挥了重大作用。
④ 财税法庭(Court of the Exchequer),一直到14世纪初,履行司法职能的财税法庭才从王室财政机构中分离出来,在16世纪中叶以前,基本上只管辖税收案件,主要就国王与国王账目官之间、国王与纳税人之间的纠纷做出裁决。后来,通过拟制而获得部分普通民事诉讼管辖权,因而具有辅助性的普通法与衡平法管辖权。

四 论法院

据此，每个法院可以受理的诉讼的分配情况通常做如下安排：所有的国王之诉，所有针对治安的违法行为，都属王座法庭或宗教事务高级法庭（commissioners）管辖。布拉克顿曾经说过："*Sciendum est, quod si actiones sunt criminales, in Curia Domini Regis debent determinari; cum sit ibi pœna corporalis infligenda, et hoc coram ipso rege, si tangat personam suam, sicut crimen læsæ majestatis, vel coram justitiariis ad hoc specialiter assignatis*。"意谓：假如诉讼是刑事的，就应在我们的国王之法院裁决，因为它们有权实施肉体刑罚（corporal punishment）；假如犯罪活动针对国王本人，比如叛逆罪，就应由国王本人来裁决；假如针对私人，则应由指派的司法官来裁决，即由此前委任的人员来裁决。据此似乎可以看到，以前，国王确实曾经亲自听审和裁决针对他本人的叛逆罪诉讼，但长期以来一直到现在都已不复如此；因为现在，这是英格兰贵族审判法庭庭长（the Lord Steward of England）的职责，而在针对贵族的审判中，则由一个特别针对该案的委员会来受理诉讼。在涉及我的财产、你的财产的诉讼中，国王可以提起诉讼，或者是在王座法庭，或者是在王家民事诉讼法庭；比如费茨赫伯特（Fitzherbert）[①]在其《令状选编》[②]中收入的复归土地令状（the writ of

---

[①] 安东尼·费茨赫伯特爵士（Sir Anthony Fitzherbert，1470—1538），英格兰法律家，1521年出任王家民事诉讼法院大法官，1529年出任大法官法院大法官。他有渊博的英格兰法律知识和清晰的表述能力，1514至1515年间出版了三卷本《判例汇编》（*La Grande Abridgement*），在260个标题下摘录了14000个案例。这是英国人系统进行法律记录的第一次严肃尝试。他还编辑出版了《新令状选编》（*La Novelle Natura Brevium*），曾长期被奉为权威。
[②] 爱德华三世时即有人编辑过一本《令状选编》；1534年，费茨赫伯特另行编辑了一本《新令状选编》，原来的则被称为《旧令状选编》。

escheat）就显示了这一点。

哲学家：国王也许不应亲自出庭审理针对他自己的叛逆罪诉讼，那样，他就让自己成为自己诉讼的法官了；相反，不可避免地，这类案件应由他自己所委任的法官来审理，这也等于他自己充当自己的法官。

法律家：我认为，听审和裁决任何人以任何形式破坏治安的案件，除了属于国王之外，也属于王座法庭，国王当然可以由他委任的专员来做同样的事情。在亨利三世（Henry Ⅲ，1207—1272）朝和爱德华一世朝（布拉克顿著述的年代），国王一般会每七年派遣被称为"巡回法官的专员"（justices itinerant）到全国各地听审和裁决所有世俗诉讼，包括刑事的，也包括民事的；他们所到之处长期以来也都派驻有巡回法官（the justices of assize）①，他们携有国王颁发的治安委任状（commissions of the peace）、刑事听审委任状（commissions of oyer and terminer）和提审囚犯委任状（commissions of gaol-delivery）。

---

① "assize"乃是陪审团的前身，可译为咨审团，亨利二世时代的一项法令规定，在有关土地占有和地产权利的诉讼中，可由郡长挑选四名骑士，由他们和他们所挑选的十二名知情人共同组成十六人咨审团，经宣誓后回答法官的提问并向法官陈述实情。《大宪章》规定，新近侵占之诉和收回继承地之诉应在争议地所在郡开庭，为此王家民事诉讼法庭每年向各郡派出巡回法官前往主持开庭。巡回法官每次派出都持有王室的委任状，共有四种，除正文所说三种外，另有巡回初审委任状（commissions of nisi prius）。

哲学家：但为什么国王只在王座法庭或王家民事诉讼法庭提起诉讼，且只有他而别人却不能提起诉讼？

法律家：没有与此相反的制成法，它似乎只是普通法的惯例。因为爱德华·库克爵士（《英格兰法律总论》第四卷）记录了王座法庭的司法管辖权，他说，它拥有：第一，对所有国王之诉的司法管辖权；第二，矫正别的大法官和普通法官（justices and judges）的一切形式的错误，既包括裁决的错误，也包括程序上的错误，只有财税法庭除外，该法庭对于王座法庭是例外的情形（proprium quarto modo）；第三，它有权矫正一切有可能破坏治安或压迫臣民或拉帮结派、争议、辩论等恶政（misgovernment）而又在正常司法程序之外的轻罪（misdemeanours extrajudicial）；第四，它可以按照大法官法庭的令状受理一切暴力侵害之诉（trespasses done vi et armis）；第五，它有权受理根据债务、请求返还占有（detenue）、盖印契约（covenant）、许诺提起的诉讼及一切其他人身诉讼（personal actions）。但是，他说，在王座法庭的司法管辖权中，不包括不动产诉讼（real actions）；除非一件不动产诉讼中的一件令状根据王家民事诉讼法庭的裁决而失效，而该令状根据一个纠错令状（a writ of error）又被王座法庭所推翻，这时王座法庭可以根据该令状受理此案。

哲学家：在现实中又是怎样的呢？

法律家：王座法庭跟王家民事诉讼法庭一样，经常对不动产诉讼做出裁决。

哲学家：假如是国王根据其权威书面任命王座法庭首席大法官，那不就是国王来规定大法官该干什么吗？

法律家：爱德华·库克爵士记录了古时委任首席大法官的国王任命状，其中明确规定了其职责所系："*pro conservatione nostra et tranquillitatis regni nostri, et ad justitiam universis et singulis de regno nostro exhibendam, constituimus dilectum et fidelem nostrum P. B. Justitiarium Angliæ, quamdiu nobis placuerit, Capitalem, etc.*"，意谓，为保护我们自己和我们的王国的治安，为了对我们的全体臣民主持正义，我们很高兴地任命我们尊敬和可信赖的 P. B. 为英格兰的首席大法官云云。

哲学家：在我看来，这些任命状很清楚地表明，本王国的所有世俗案件，除了属于财税法庭的诉讼之外，都应由这位［王座法庭］首席大法官裁决。因为，对于刑事案件和涉及治安的案件的管辖权，已有"为保护我们自己和王国的治安"这些话授权给他了，这一表述包括所有刑事诉讼；而"对全体国王的臣民主张正义"则囊括了全部民事诉讼。至于王家民事诉讼法庭，很显然，根据《大宪章》第十一条，它可以受理各种民事诉讼，除了财税法庭受理的诉讼之外。因而，涉及民事诉讼的一切起始令状（original writs）都应回呈至上述法院。但是，现在是怎样任命［王座法庭的］首席大法官的呢？

法律家：他们的任命状中有这样的话："*Constituimus vos Justitiarium nostrum Capitalem ad placita coram nobis tenenda, durante beneplacito nostro*"，意谓，我们任命你为我们的首席大法官，以根据我们的要求受理呈交我们的诉讼。这一令状尽管比较简短，却一点也没有削减首席大法官按照以前令状所拥有之权力。而颁发给王家民事诉讼法庭的任命状是这样写的："*Constituimus dilectum et fidelem, etc., Capitalem Justitiarium de Communi Banco, habendum, etc., quamdiu nobis placuerit, cum vadiis et fœdis ab antiquo debitis et consuetis. Id est*"，意谓，我们很高兴地任命我们尊敬的、可信赖的某某为王家民事诉讼法庭的首席大法官云云，并给予他以这一职位应享有之正常的便利和薪酬。

哲学家：我在历史中发现，英格兰一直有御前大臣和英格兰的首席大法官，而王家民事诉讼法庭的首席大法官，则在《大宪章》之前无人提及过。而当时在英格兰和所有国家都存在民事诉讼（common pleas），因为民事诉求和"civil pleas"①在我看来是一回事。

法律家：在《大宪章》这部制成法之前，诚如爱德华·库克爵士所承认的（《英格兰法律总论》第二卷，第21页），王座法庭一直可以受理民事诉讼，但该法庭可按照国王的意志而流动，而

---

① 前一个词似乎是英格兰普通法上的概念，私人之间提起的或政府提起的民事性质的诉讼，与国王之诉和刑事诉讼相对而言，后一词系罗马法上的概念。

令状的执行回呈被送达在英格兰四处流动的该法院(*Coram nobis ubicunque fuerimus in Anglia*);这给陪审员带来了很大麻烦,当事人的开支也很大,并使正义被拖延;由于这些原因,建立了王家民事诉讼法庭,这样,民事诉讼就不再跟随国王,而在一个固定地方受理。

哲学家: 在这里,爱德华·库克爵士提出了他的看法:王座法庭不能受理民事诉讼,而在前头他却说,他们在当时一直可以受理民事诉讼。但这算不上是可成立的证据(probable proof)证明在《大宪章》之前英格兰有什么王家民事诉讼法庭。因为,假如当时已有王家民事诉讼法庭,那么,这部旨在方便陪审员、降低当事人的花销并使正义迅速被恢复的制成法就没有什么意义;因为这样一家法庭不像文秘署和王座法庭那样跟随国王流动。此外,假如不是王座法庭——不管它在哪儿——受理民事诉讼,那么,该制成法就根本得不到什么方便,因为,假设国王到约克郡,住在伦敦的国王的臣民、陪审员和当事人到约克的麻烦,难道没有约克人到伦敦那样大?因此我相信,王家民事诉讼法庭的建立是《大宪章》第11条的结果,我不相信别的说法;在此之前它是不存在的,①尽管我认为,为了应付一个庞大王国的繁多讼案,确

---

① 霍布斯的基本观点是,所有法庭都是根据主权者的命令创建的,在此他也力图证明王家民事诉讼法庭是根据一部制成法设立的。另外需注意的是,霍布斯一向反对普通法,而王家民事诉讼法庭就是普通法的大本营。基于同样的理由,爱德华·库克爵士则坚持王家民事诉讼法庭的管辖权,排斥大法官法庭对其管辖权的侵蚀,此一管辖权之争一度非常激烈。

实需要有这样一个法庭。

法律家：也许对王家民事诉讼法庭的需求并不如你想的那样大。因为在那些年代，大多数法令都在形成中，而没有固定。当时还实施有关遗产继承的古老的撒克逊法律，根据这些法律，各类法庭依据国王令状迅速地实现正义，其中：各个男爵法庭受理领主对其他自由地产领有人的诉讼；各郡法庭受理男爵们的诉讼；只有很少诉讼由国王法庭受理，也即当正义不可能在前述那些法庭实现之时。而到今天，国王法庭受理的案件要多于其他法庭处理的案件。

哲学家：为什么国王法庭现在受理的案件多于以前？而我相信当时本王国的人口跟现在一样多。

法律家：爱德华·库克爵士谈到过六点原因（《英格兰法律总论》第四卷，第76页）：第一，治安；第二，富裕；第三，宗教机构的解体及其土地分散到很多人手中；第四，告发人（informers）数量增多；第五，隐匿土地的发现者（concealers）的数量；第六，律师人数增加。

哲学家：看得出来，爱德华·库克爵士没有想过把责任归咎于其所在专业之士身上，他把这种毛病的原因都归咎于它本来要矫正的毛病和错误上。因为，假如治安与富足是这种坏事的原因，那除了战争与赤贫之外是没有办法根除的；由宗教人员的土地引发的纠纷不可能由土地引起，而是由于法律的不确定引起的。至于告发者，他们是制成法所认可的；要执行这些制成法就需要这些人，因而其数量不可能太多；假如其数量过多，错误也在那法律本身。隐匿土地的发现者确实是一群欺诈者（cozeners），而法律可以很轻易地矫正之。最后一点是律师增多，而他们的问题就在于拥有接受或拒绝诉讼的权力。就我本人而言，我相信，今天的人们比起以前的人们来说，更娴熟地掌握了对制成法的措辞进行挑剔的技艺，因而也就鼓励他们自己和其他人因为微不足道的原因而提起诉讼。普通法裁决的多变和不一致也经常会使人们对那些理性地看根本没有依据之诉讼抱有胜诉的希望；还有对于自己诉讼中何为公平的无知，千人中没有一人研究过这种公平。法律家们不是在自己的心中而是在以前的法官的先例中寻找裁决的依据，就好像古代的法官不是靠自己的理性而是在罗马帝国的法律中寻找裁决的依据一样。诉讼数量增多的另一个，也许是最大的原因则是，由于缺乏对土地转让的登记——而这在土地所处的城镇地区是很容易做到的；于是，如果不经过一番诉讼，土地买卖就不能顺利完成。最后一点，我相信，法律家的贪婪在古代没有现在这样厉害，那个时代充满了动乱，而自那之后，法律家则处于和平状态；在这种状态下，人们有余暇研究骗术，又能被那些热衷于诉讼的人所雇佣。他们有能力仔细地研究和解释制成法、契据、自由保有地的让与协议、租约及其他契约、证据和证词中的每个词，于是，他们就有了摆弄其秘技的丰厚土壤。不过，还是回到王座法庭的司法管辖权上来吧，你说，它有权改正和修改其他一切法官的错误，既包括程序上的错误，也包括裁决的错误；

王家民事诉讼法庭的法官如果没有其他法庭的纠错令状,就不能在他们的法庭上改正程序上的错误?

法律家:不。有很多制成法规定他们可以这样做。

哲学家:如果王座法庭发出一件纠错令状,不管是程序上有错,还是法律上有错,那么,谁该承担这笔费用?

法律家:委托人(client)出这笔钱。

哲学家:我觉得这没有道理;因为,委托人并没有出错,如果没有他的律师的建议,他不可能开始诉讼,律师研究过法律,而委托人为得到他的法律意见付了钱。这难道不是他的律师的错?而当王家民事诉讼法庭的一位法官做出了一个错误判决,王座法庭的法官有可能推翻这一判决吗?(尽管这并没有什么问题,因而你在布拉克顿和别的博学之士那里可以看到,他确实有这样的权力;)因为,他们也同样是普通法的专家,在大多数情况下,他们会被说服而给出同样的判决。举个例子,假如爱德华·库克爵士在担任王家民事诉讼法庭首席大法官的最后一次庭审中做出了一个错误判决,而此时,他难道不会被调任王座法庭的首席大法官,那么,他会推翻他做出的那个判决吗?有这种可能,但可能性不是很大。因而我相信,应当由国王构建另外一种权力,来推翻王座法庭或王家民事诉讼法庭的错误裁决。

法律家：我不这样认为，因为，亨利四世（Henry Ⅳ，1367—1413）4 年制定的一部制成法做出了相反规定，亨利四世 4 年法第 23 条（4 Hen.Ⅳ.cap. 23），其中有这样的话：然而，在不动产诉讼及人身诉讼中，在国王的法庭做出判决后，当事人因此而蒙受巨大的痛苦，他可将对此重新予以答辩之请求、前述当事人的巨大困境、本王国之普通法遭受扭曲等情事，或申诉于国王本人，或申诉于国王的咨议会①，或申诉于议会，要求重新予以答辩。这一制成法规定并确定，在国王的法庭做出裁决之后，当事人及其继承人应当安静地待在那儿，等待该判决根据调查小陪审团的裁决是否虚假的令状（attaint）②或因程序与法律上的错误而被撤销，这就是现国王之祖先时代的法律所规定的。

哲学家：这部制成法跟我说的一点都不冲突，相反，在我看来，它其实明文确认了我的上述观点。因为，该制成法的实质内容是，任一方当事人对于王座法庭或王家民事诉讼法庭裁决的结果，在其因为错误或被证明存在腐败而被撤销之前，不应提起诉讼。这是在该制成法制定之前的普通法，而除非在该制成法之前确有一些法庭被授权核查和改正起诉人所提出的这些错误，否则

---

① 咨议会（Council），帮助国王并跟随国王治理王国的顾问班子，16 世纪中期发展为枢密院（privy council）。
② 一个由 24 人组成的大陪审团根据这一令状召集来审理小陪审团的裁决的有效性，在刑事案件中，该令状则应国王的告诉而签发。最初的陪审团实际上充当证人，如果小陪审团的裁决被大陪审团所推翻，则小陪审团的裁决将失去效力，且小陪审团成员会丧失民事权利且遭受其他惩罚。这一制度使得一些民众将参加陪审团视为畏途，故在 16、17 世纪逐渐被废除。

就不可能有该制成法。该制成法所欲救济之不便正是这一点，国王的法庭——在这里一般是指王座法庭和王家民事诉讼法庭——做出了判决，而与该判决所针对的那一方打官司的当事人却提起一个新诉讼，迫使其对手来到国王本人面前。在这里，国王本人（the King himself）就必须被理解为国王亲临（the King in person）；因为，尽管在"本法院纠错令状"①中，国王本人被理解为王座法庭，而在一部成文法中却不可如此理解。这一点都不奇怪，因为在那个时代，国王常与其咨议会驾临法庭听审案件，比如詹姆斯国王就曾如此。有时，该当事人也会在国王缺席之枢密院提起诉讼，有时是在议会，而前一个判决此时依然有效。为补救此弊，上面的制成法规定，在前一个判决根据本院纠错令状或由于错误而被撤销之前，任何人不得重新提起诉讼；假如在前述两家法庭之外没有别的法院，对其错误进行认定、审查和裁决，那就不可能推翻一个判决。因为，不管是根据法律还是理性，都不应认为任何法院是其自己错误的合格裁断者。因而在该制成法之后，已经存在一些别的法院听审其错误，并撤销其做出的错误判决。这些法院是什么，我尚未研究过，但我肯定它不可能是议会，不可能是枢密院，也不可能是做出错误判决的法院自己。

法律家：《博士与研究者》②对这部制成法的讨论（第18章及

---

① "coram nobis"原意为"在我们自己面前"，专指在王座法庭纠正其他法庭已决案件存在的错误之令状，与之相对的则是"coram vobis"，要求其他法庭纠正其错误的令状。

② 应该是指英国法律史上另一本非常重要的对话《教会法博士与（转下页）

以后)比你还要详尽,因为,那本书的作者说过,这部制成法拿走了针对错误的判决的一切救济之道。尽管如此,理性或国王的职责或任何实在法都不可能禁止对伤害之救济,更不要说对不正义的判决提供救济;相反,他展示了很多制成法,根据其规定,一个人的良心应当占先于普通法。

哲学家:他根据什么样的理由宣称,该制成法阻止了对这种情况提供救济?

法律家:他说,自那部制成法颁布后,国王的法庭做出的判决就不再受文秘署(the Chancery)、议会及别的机构之审查了。

哲学家:这部法案中提过文秘署吗?国王的法庭做出的判决不可能由国王和他的咨议会来审查,也不可能由议会来审查。但你看到了,在该制成法之前,它是由别的机构审查的,该制成法使其再次接受审查。你也知道,文秘署本来就是本王国在衡平法方面的最高司法机关,该制成法也没有禁止文秘署对一切其他法院的判决进行审查,至少根据该制成法,不能做这样的理解。那么,《博士与研究者》的这一章中有哪些情况可以使下面的看法

(接上页)英格兰法律研究者的对话》(Christopher St. Germain, *The Dialogue in English, betweene a Doctor of Divinitie and a Student in the Lawes of England*)。1523 年以拉丁文出版,1530 年又以英文出版,而篇幅较长。作者认为,法律规范时常与宗教和道德规范发生冲突。他对普通法的推理、特性和基础提出了广泛质疑,对后来衡平法的发展有很大影响。

看起来还算合理:在法律与良心或者说在法律与衡平发生冲突之时,该成文法会选择哪一个?

法律家:假如在一起债务诉讼中,基于真正的债务,被告被传来法庭开始其诉讼,而原告没有办法通过强制或传票(subpœna)或别的手段来提起普通法上的追偿债务之诉(debt);此时,被告仍然应当根据良心偿还原告。

哲学家:在我看来,这里并不是法律优先于良心或衡平。因为,本案中的原告并不是因为法律或衡平的缺乏而在追偿债务之诉中失败,而是由于缺乏证据,而一个人除非能够证明他的权利,否则,法律或衡平都不能给予他以这种权利。

法律家:还有,假如依据判断调查性小陪审团之裁决是否虚假的令状,大陪审团对小陪审团做出的错误裁决予以确认,则除了当事人的良心之外,就不再存在进一步的救济了。

哲学家:在这里,同样是证据的缺乏造成救济的缺乏。因为,只要当事人能够证明,小陪审团做出的裁决是虚假的,则只要小陪审团做出的裁决被大陪审团再次确认,从而满足了他的对手的损害赔偿而给他带来的烦恼,国王就可以给他以他觉得最合适的救济。只要他能找到保证人(surety),国王也应当这样做。

法律家:但自那以后已经有了一部制成法,即伊丽莎白27年法第 8 条（27 Eliz. cap. 8），根据该法，亨利四世 4 年法第 23 条之制成法部分地失效。因为，根据该制成法，王座法庭做出的错误判决，将通过一纸纠错令状，在财政署内室法庭（the Exchequer-chamber）上，由王家民事诉讼法庭（the Common Bench）大法官和财税法庭法官（the Barons of the Exchequer）予以审查；根据该法案的序言，错误的判决只能由作为最高法院的议会（the High Court of Parliament）[①] 予以废除。

哲学家：但这里没有提到，王家民事诉讼法庭做出的判决应当拿到财政署内室法庭进行审查。那么，为什么大法官法庭不可以审查王家民事诉讼法庭的判决呢？

法律家：不过你不会否认，根据英格兰古代的法律，王座法庭可以审查王家民事诉讼法庭做出的判决。

哲学家：这是正确的。但为什么大法官法庭不能做同样的事情呢？尤其是在这种判决的错误乃是违反自然的公正而非违反法律条文之时？

法律家：没有这样的必要。因为，同一个法庭可以同时审查制成法的条文和自然的公正。

哲学家：由此你可以明白，各法院的司法管辖权不是那么容

---

① 英国议会上院拥有司法职能，因而，爱德华·库克将议会描述为一个法院。

易分清的,只能由"议会中的国王"来界定。法律家自己做不到这一点,因为你已经看到,除了在各人之间外,在各个法院之间也存在很多争论。尽管你说,亨利四世4年法第23条中的法律规定已被伊丽莎白27年法第8条撤销,我觉得并非如此。我发现,实际上,在前一部制成法与后一部制成法的制定者中间、在后一部制成法的序言与前一部制成法的结论之间存在意见分歧。后一部制成法的序言是,对于王座法庭做出的被视为错误的判决,只能由作为最高法院的议会予以废除;而前一部制成法的结论却是,国王的祖先那个时代的法律是矛盾的。然而,这种分歧并不是这些法律内在的,而只是关于那种情况的古老习惯的看法而已,是由于不同时代的法律家的看法不同而引起的,而这种看法既不能规定什么,也不能禁止什么;尽管如此,这些制成法本身,一个禁止将这类诉讼提交给议会,另一个则不禁止。而假如在亨利四世的法案颁布之后,这样的诉讼就被提交到议会,那么,议会就可以听审和裁决它。因为该制成法并不禁止这样;任何法律也没有力量妨碍议会对其自己乐意管辖的问题进行管辖,因为它是国王的一个法院,贵族院和平民院是全体人民联合在一起的法院。

法律家:尽管是这样的,但是,鉴于国王(爱德华·库克爵士在《英格兰法律总论》第四卷第71页确认了这一点)已将其全部司法权委托(commit)给这个或那个法院,那么,假如有谁呈报国王要求做出裁决,在国王已将其司法权委托给其他机构的情况下,这种呈报就应当无效。在第73页他又说:在这一法院中,本王国的国王坐在最高法官席位上,而那个法院的法官则在他之下,坐在较低位置上;但是,审判权只属于该法院的法官们,他们当着国王的面对所有请求做出回应。

哲学家:爱德华·库克爵士无论多么渴望提高他本人和其他普通法大法官们的权威,我都不能相信,他的意思竟然是,国王在王座法庭上只是一个旁观者,而不可以对请求做出回应,即使国王已经看到了这样做的理由。因为爱德华·库克爵士知道,国王当时是一切世俗诉讼的最高裁判者,现在则是一切世俗与教会诉讼的最高裁判者;对于试图否认这一点的人,法律规定了大量的重刑惩罚。而爱德华·库克爵士(你也看到了)由于没有区分委托和转让(committing and transferring)间的差异,而在多处犯下错误。一个人如果转让了他的权力,他自己就丧失了这种权力;但如果他只是将其委托给另一人以其名义并在其控制之下行使之,则他仍拥有这种权力。因而假如一个人亲自向国王呈报,也即申诉于国王,请他对不管什么案件做出判断,国王即可受理其申诉;这种申诉应当是有效的。

法律家:除了这两家法庭,即根据英格兰普通法受理国王之诉的王座法庭与受理民事纠纷的王家民事诉讼法庭之外,还有一家司法性法院(court of justice),对民事和刑事诉讼都拥有管辖权,它至少跟王家民事诉讼法庭一样古老,它就是海军事务大臣法庭(the Court of the Lord Admiral)。该法庭的诉讼程序系根据罗马帝国的法律,这里所裁决的是那些发生于公海上的诉讼:究竟是哪些诉讼，由若干制成法规定，并由很多先例予以确认。

哲学家：至于这些制成法，它们向来就是法律，也是理性；因为它们是经由全王国的一致同意而制定的，而先例则不过是法官的判决而已，彼此可能矛盾；我的意思是说，生活在不同时代的人会对同样的案件给出不同的判决。因而，我想请你再谈谈你对国王之外别的人所做出的判决在法律上的效力的看法。不过，请先谈谈海事法院（Court of Admiralty）①与普通法法院在诉讼程序上有何区别？

法律家：一个区别是，海事法院由两位证人出庭，既不需要大陪审团起诉，也不需要小陪审团定罪；法官按照罗马帝国的法律做出判决，这些帝国的法律古时在整个欧洲都具有效力，现在之所以仍是法律，不是由于他们是罗马帝国的皇帝或外部强国的意志，而是根据英格兰国王的意志，在国王疆域内被赋予效力。其理由似乎是，发生于公海上的诉讼常发生于我们和别的国家的人民之间，因而大多数此类诉讼应由保持统一的罗马帝国的法律来管辖。

哲学家：那么，如何在海洋尤其是在大河的入海口精确地确定哪里属于海洋而哪里属于陆地？因为河流跟其河岸一样，也是在某个国家之内或是其组成部分。

---

① 系上文海军事务大臣法庭之简称。

54 **法律家:** 这确实是个很困难的问题。有很多诉讼就与此有关,所涉及的问题是,案件在谁的管辖范围内。

哲学家: 假如海军事务大臣的任命状中没有明文规定,那么除了国王本人之外,我看不出谁能确定这一点。

法律家: 不过,尽管在其委任状中写着授予其在不与有关海事法院的制成法之规定相反的某些案件中受理诉讼的权力,但普通法大法官可以向该法庭发出禁审令①,禁止其审理该诉讼,尽管制成法授予了其管辖权。

哲学家: 我认为这是不利于国王之权利的,这样的权利是任何臣民都不能夺走的。因为爱德华·库克爵士的论点是,国王已经让出了他的全部司法权,这种论点是不值一驳的;因为我前面已经说过,他不可能将他作为国王的基本权利转让出去,因为,通过"尽管"表述②他已宣布,他在授权时不应受到欺诈。

---

① "prohibition",现代是指高级法院发给下级法院、禁止其审理其无权管辖或超越其管辖权的事项的令状。但在爱德华·库克时代,王家民事诉讼法庭也曾向大法官法庭及宗教事务高等法庭发出禁审令,以限制那些直接源于王权之法院的管辖权。此种管辖权之争具有宪制含义,而霍布斯从维护王权绝对性的逻辑出发,不认为王家民事诉讼法庭有这样的权力。爱德华·库克爵士也曾主持审理过一件著名的案件,被称为"Prohibition del Roy"(1607),全体法官同意,国王不能亲自审理案件,所有涉及他的利益的案件均应由法官审理,见 12 Co. Rep. 63。
② "non-obstante",旧时文件用语,表示预先排除任何同已宣称的目的或意图相反之解释。在英格兰古法中常见于国王颁布的法令及签发的特许状中,表示准许某人做某事,尽管议会法案有相反规定。

法律家：但你可以从爱德华·库克爵士所说的先例中看到，相反情况相当普遍地存在着①。

哲学家：我没有看到这有多普遍。谁能说，在一些案件中，法官不能做出另外的判决，这样的判决既未收录到判例集中，也是爱德华·库克爵士没有说过的——因为不合乎他的看法？这是可能的，但你不会承认这种可能性很大。因为我只坚持下面一点：任何关于一个判决的记录，除了对当事人，且在其能够通过法律推翻该判决之前——除此之外，它不是一条法律。至于没有陪审团而由两位证人进行的审理，我看不出它对公共福利有什么损害，因而，普通法的司法活动和海事法院的诉讼程序之间并不存在多大冲突。因为在这两类法院中，事实的证据都只取决于证人；差别仅在于，根据罗马帝国的法律，由海事法院的法官对证人的证据做出判断，而在普通法法院中，由陪审团来判断证人提交的证据。此外，如果说普通法法院偶然侵犯海事法院的司法管辖权，那后者为什么不可以向普通法法院发出禁审令，禁止其诉讼？请你告诉我一个法院可以这样做而另一个法院不可以这样做的理由何在？

法律家：除了长期的习惯之外，我不知道还有别的理由，因为我觉得，海事法院从来没有那样做过。英格兰最高级的普通法院是御前大臣法院（the Court of Chancery），在这里，御前大臣或别的执掌国玺之人是唯一的法官。这一法院非常古老，爱德

---

① 指国王转让其司法权。

华·库克爵士也是这样说的(《英格兰法律总论》第四卷,第78页),他将该法院称为爱德加国王、爱特尔德雷国王、埃德蒙国王和忏悔者爱德华国王①的御前大臣法院,他的职责是因国王将英格兰国玺交给他而获授的,并不需要委任状;不管是谁,只要保管英格兰的国玺,就拥有御前大臣根据制成法伊丽莎白5年法第18条(5 Eliz. cap. 18)所享有过的同样的、完整的司法管辖权,而根据该制成法,这一做法是并且永远是普通法。爱德华·库克说,这个人之所以被称为御前大臣,名字来自于他所拥有的最高级司法管辖权(cancellando),也就是说,[因其掌管国玺而]可以撤销国王颁发的委任状,只消在他上面画几下,就像一个格子即可。

哲学家: 非常正确。大家都知道,掌玺大臣是罗马帝国的一位高官,而本岛曾是该帝国的一部分,因而本王国也设立了这一官职,要么是类似于罗马政府,要么是模仿罗马政府。而且,罗马是距十二独裁者(the twelve Cæsars)时代之后很长时间才在罗马创建这一官职的。因为直到塞普梯米乌斯·塞维鲁(Septimius Severus)时代之后,皇帝们还一直勤勉地掌握着对裁判官(the Prætors)法庭应给予判决的一切诉讼和申诉的司法管辖权,而罗马的裁判官就相当于英格兰的普通法法官。不过,为挑选皇帝而引发的持续内战使得皇帝们的这种勤勉日渐消减。我在一位很出色的罗马民法学者的书中读到,到了后来,申诉的数量大幅度增加,超出了皇帝所能处理的范围,他就指定一位官员做其助手

---

① 这几位都是诺曼征服之前的英格兰君主。

四 论法院

受理所有这些诉状；这位助手在一个方便的房间里打了一个隔断，然后在隔断墙上一人高的地方，他按照合适的尺寸装了几根栅栏，这样，在起诉人前来向他呈交诉状时，如果这位助手有时不在，这人只要从这些栅栏中间把其诉状扔进来即可，在拉丁文中，这些栅栏被称为"*cancelli*"；不是因为有这些栅栏，或者说必需这些栅栏，因为，只要把整个房间腾空，诉状也可以从上面扔过来。但是，它们是"*cancelli*"，于是，皇帝的这位助手，因其在这里办公，而被称为"御前大臣"(*Cancellarius*)。法院围栏也完全可以被叫作"*cancelli*"，它不是指一个格子；因为，这纯粹是一个猜测，而没有历史或文法依据，而很有可能是被一些学者那样叫起来，他们在词典中为"格子"找不到一个合适的翻译，只能找到"*cancelli*"。这位御前大臣的官职最初只是为了应付诉讼事务，为了减轻皇帝的负担，但随着申诉日益增加，它们太多了，而皇帝还有更紧迫的事情要决定；这就促使皇帝把裁决诉讼的事再次委托给御前大臣。爱德华·库克爵士声称自己证明了御前大臣的最高司法管辖权就是在加盖其主子的印玺之后可以撤销其主子的委任状；除非他受理涉及这些委任状或其主子在委任状中所表达的意思之有效性的诉讼，或靠欺骗获得它们的诉讼，或滥用它们的诉讼，否则他不能撤销之，所有这些不就是衡平法的诉讼吗？既然御前大臣仅仅是由国玺的交付而拥有其官职的，而对其法庭所使用的程序没有任何指令或限制，因此很显然，在他所听审的所有诉讼中，在听取证人证词并进行审查时可以采用陪审团制度，也可以不采用，只要他认为最适合于判决的准确、迅速和公正即可。因而假如他觉得，由陪审团审理的习惯——这是英格兰普通法法院的习惯——更有利于全世界所有法官所追求或应当追求的自然的公正，他就应当采用这种方法；假如他觉得别的诉讼程序更好，且又不被制成法所禁止，他也可以采用之。

法律家：关于你的上述推理，我想是很充分的。但是，对于那些不算不讲道理的习惯，也应保持可敬的尊重；因而我觉得，爱德华·库克爵士说的没有错：有一些案件，御前大臣法庭如果觉得应根据普通法的规则审理，他就应当向王座法庭移交案卷；御前大臣也需要留意不要越出制成法对它的限制。

哲学家：限制他的司法管辖权的制成法是什么？我知道，根据制成法伊丽莎白27年法第8条，御前大臣不能推翻王座法庭对追偿债务之诉、请求返还不动产之诉等案件做出的裁决；在该制成法颁布之前，根据他的职责，他也不能推翻王座法庭在国王之诉中做出的裁决，因为该法庭对这类诉讼拥有管辖权。他也不需要这样做，因为，假如法官本人觉得确有必要救济一位被恶意证人或一位在陪审团中占据支配地位的大人物的权势或因陪审团的错误所构陷的人，即使是在重罪案件中，他也可以中止判决的执行并报告国王，国王即可依据衡平法救济该人。至于我们应当对习惯表示尊重这一点，我们后面将予以讨论。

法律家：第一，在理查二世13年召开的一次议会上，平民院向国王请愿，不管是御前大臣法庭还是别的大臣，都不得制定违反普通法的指令（order），也不得未经正当的法律程序（due process of law）做出任何判决。

哲学家：这并不是一个不讲道理的请愿，因为普通法不是别的，就是自然的公正；根据这一制成法，在该法之前，御前大臣法庭对普通法法院比该法通过之后更为粗暴；但看起来在该制成法中，普通法并不是指笼统而言的本王国的世俗法律之外的别的什么东西；而该制成法一直没有像我留意到的制成法那样予以印刷。那么，我不知道它是不是一部制成法？我希望你告诉我议会是如何答复这一请愿的。

法律家：国王的答复是，此前一直流传的这一惯习①应保持不变，因而国王的王权被保留了下来。

哲学家：这显然与爱德华·库克爵士关于大法官法庭②的看法相反。

---

① "the usages"，普通法上的一个重要概念，也即习惯做法之意。在特定地域针对某些特定交易而形成的合理合法的公认惯例，该公认惯例或为所有当事人所熟知，或已被确定、统一和众所周知，从而可推定当事人须依此作为。惯习（usage）与习惯、习惯法（custom）的区别在于：前者是一种不断重复的行为，而后者则是在此基础上形成的法律或规则，可以有惯习而无习惯法，却不存在无惯习基础之习惯法。
② 也即前述"御前大臣法庭"，大法官法庭的法官就是御前大臣，不过，御前大臣所主持的文秘署只是在14、15世纪才演化为一个较正式的法院，即作为衡平法院的大法官法庭，因为在译文中，将此前的该机构译为"御前大臣法庭"。

法律家：在理查二世17年另一次议会上据平民院的请愿立法如下：人民被以不实推测（suggestions）为依据的令状传唤，至国王咨议会前或大法官法院应诉；若随着时间推移，御前大臣依程序发现并证明此声明不实之后，将有权依据其判断对前述被不当传唤之人所遭受的损害，下令给予补偿。

哲学家：这一制成法似乎是说，当一宗诉讼系根据不正当声明而在大法官法院提起，御前大臣可以对该声明进行审查，如该声明不实，他可以补偿受害人的损害，因而，他也可以按照程序进一步对该诉讼做出裁决，不管它是不动产的或人身的，只要不是刑事的即可。

法律家：在亨利四世2年的议会中，平民院向国王请愿（未印刷），大法官法院、财税法院或别的地方不得违反普通法的正常程序，向任何人发出令状或王玺①，使其在国王或其咨议会或别的地方遭受一整天的痛苦。

哲学家：国王对该请愿作了怎样的答复？

法律家：这样的令状如无必要，不得发出。

哲学家：在这里你再一次看到了，国王既可以拒绝也可以接

---

① 王玺（privy seal），居于国玺（great seal）和御玺（privy signet）之间的国王印章。

四　论法院

受议会的请愿，完全得看他自己在那时觉得是否需要，或者他觉得对王权是否构成伤害；在对前一个请愿的答复中，他充分证明了他的立法权或王权的任何别的基本组成部分不能根据制成法被剥夺。现在你应当明白，衡平法（equity）就是理性的律法，而爱德华·库克爵士（《英格兰法律总论》第一卷第21节）却将衡平法定义为一种包含在不成文律法中的理性，只由正确的理性构成，它解释和修正成文法律；我倒想知道，在民事或王家民事诉讼法官之外存在衡平法院——不管是由御前大臣审理还是由其他人审理——的目的究竟何在？还有，我肯定你必然会做出下面的论断：有必要存在一个比王家民事诉讼法庭高一级的衡平法院，以补救低级法院大法官做出的判决中的错误。而大法官法院的错误则是不能撤销的，但议会和国王为此而指定的特别专员除外。

法律家：但爱德华·库克爵士说，鉴于根据普通法事实问题应由十二人组成的陪审团来审理，这类法院就不应把事实问题提交到另一法院（*ad aliud examen*）去，意即，不应接受另一种类型的审查，也即，证人的书面证词（the deposition of witnesses）只能作为陪审团的证据，而不能成为别人的证据。

哲学家：证人的书面证词难道就不能成为御前大臣的证据？因而，它就不构成另一种类型的审查，就审查证据而言，陪审团也不比御前大臣更合适。除此之外，既然所有法院都应根据自然的公正裁决案件，而所有法官在衡平法案件中都有可能受到欺骗，那么在服从普通法法官之外再服从衡平法法官，对任何人或对国家又有什么害处呢？鉴于有一份议会法案规定，为避免无理缠讼（vexation），在看到满足那遭到损害并为其损害和花费而焦急的当事人的保证之前不应发出传票，假如这样做无益于诉状中所包含的问题的话。

法律家：另一部制成法，亨利六世（Henry Ⅵ，1421—1471）31年法第2条（31 Hen.Ⅵ.cap.2）有一个限制性条款，爱德华·库克爵士曾引用如下："假如问题无法由本王国的法律所决定，则可在国王的法院之法律过程终止之后，根据本法案以其他形式来决定。"

哲学家：这条法律只实施了七年，未被后来的议会延续，而该法的立法起因是约翰·凯德暴动①期间到处存在的大暴乱、勒索罪和压迫，及这个篡位的权力当局错误做出的控告和定罪。于是议会规定，七年之后，任何人不得违反加盖国玺的国王令状，或拒绝下令其到国王咨议会、大法官法院出庭对暴乱、勒索罪等做出答辩的布告②，否则，他会立刻被判为败诉。这里根本不涉及大法官法院或任何别的法院的司法管辖权，而只涉及授予大法官法院、国王枢密院对这些犯罪活动做出决定的正常权力，而在这之前这些犯罪活动只由王座法院或特别专员来审理。因为该法案显然是为惩罚那些根据上述凯德之权威而行动的那些人所犯下的各

---

① 约翰·凯德（John Cade）是1450年爆发于肯特郡的一次暴动的领袖，当时的国王为亨利六世。
② "proclamation"，在衡平法中，行政司法官根据法院扣押令状发出的传唤缺席被告出庭答辩的布告。

种犯罪活动的,对此,该法案加了上面提到的限制性条款,大法官法院和国王枢密院的程序不应适用在该法案颁布之前管辖此类案件的那些法院之诉讼程序,这些案件如果是刑事案件,本应按王座法庭的规则审理;假如是非刑事案件而仅违反衡平法,则本应按大法官法院的规则审理,有些案件则应按财税法院的诉讼程序审理。我不明白,爱德华·库克爵士为什么要引用这部制成法?因为,它早在两百多年前就已失效;他又引用上面说的那两个请愿,仿佛它们是制成法,而实际上,它们当时根本就没有得到国王批准;除非他的目的是缩小——他的整部《英格兰法律总论》都在致力于这一目标——国王的权威,或者企图在人民中间将自己的意见悄悄地变成本王国的法律;因为,他也试图在他的正文和边注中插入一些拉丁文句子,仿佛它们是理性律法的原则;相反,他没有引用古代法律家的权威,也没有肯定理性本身,没有试图让人们相信他们才是英格兰法律的真正基础。至于你称为习惯法(custom)的东西之权威,我不承认,任何习惯法自身可以具有法律的权威。因为,假如习惯法是不合理的,你以及所有法律家都肯定就不会承认它是法律,而应予以废除;假如习惯法是合理的,就不是习惯法,而是衡平法使之成为法律。如果理性律法本身就是永恒的,那么又有什么必要靠习惯之久远而使理性成为法律呢?此外,你在任何制成法中也不能找到习惯法,只是法官在其裁决中常会谈到"法律与习惯法"(*lex et consuetudo*),这里的"*consuetudines*"也即习惯法或惯习(customs or usages),确实有此前时代之长期延续的意思,但这是指诉讼程序之惯例和习惯,而随后很快就会将其纳入制成法中。在任何制成法中你也找不到

"普通法"这个词,在英格兰世俗法律中你找不到对它的准确解释;因为,某些法院所使用之程序的独特性,并不足以使之与众不同,成为与整个国家的法律不同的法律。

法律家:如果所有法院都如你所想是衡平法院,那这对于公共利益来说难道就没有不便吗?

哲学家:没有什么不便,除非你可以说,法官们不管其所受理的案件是多是少,都从国王那里拿到同样的报酬,于是他们就无不趋向于将理应由其受理的诉讼推卸给别的法院,以减轻自己的负担,从而导致正义之延迟及提起诉讼之当事人的损害。

法律家:你的这种想法完全是错误的。因为恰恰相反,诸法院之间的管辖权之争是谁都愿意把案件揽到自家法庭上。

哲学家:我求你原谅,我没有察觉到这一点。

法律家:还有,既然所有法官都应按衡平法做出其判决,那么,假如出现这样的情形:一部成文法有悖于理性律法也即衡平法,我不能想象,在这种情况下怎样的判决才是正确的。

哲学家:不可能有成文法违反理性的事;因为,没有什么事情比每个人都遵守其本人已同意之法律更合乎理性的了。而从事法律文本的文法分析(grammatical construction of the letter)之对象不应总是法律，而应为立法机构希望该法发挥何种效力之意图；我得承认，要从制成法中探究这一意图是一件困难很多倍的事情，需要很强的理解能力，需要对制定一部新法之必要性与需要救济的不便之间的关联进行深入思考、全面考量。因为，很少有什么东西能被极端清晰地写下来，以至于当写它的原因被人遗忘后仍不会遭到无知的文法学家或吹毛求疵的逻辑学家之曲解，从而对诚实之人造成伤害、压迫甚至也许是毁灭。由于这一原因，法官理应得到其所享有之荣誉和报酬。因为，法官要就本法院拥有管辖权之具体诉讼做出最终决定，而法律并不会对此给予详尽解释；这种决定本身是很难做出的，以至于法律圣贤们自己（这也正是爱德华·库克爵士将此留给法律解决的原因）都没有就此达成一致意见；一个人，如果不是以法律为业或者不是渊博的律师，怎么可能留意到他可以合法地在哪家法院提起他的诉讼，或者对他的委托人提供什么样的法律意见？

法律家：我承认，在所有法院就各法院的管辖权达成一致之前，人们没有责任分清各法院的管辖权；不过一位法官能够知道可根据哪些规则做出裁决，这样就不会与成文法相矛盾，也不会冒犯立法者，即使我不去理解他。

哲学家：我想他可以避免这两者，只要他多加小心，做出判决时既不惩罚无辜之人，也不剥夺一个人从一个在大多数理性的、没有偏见的人看来没有合理理由而恶意对其提起诉讼的人那里获得损害赔偿之权利。在我看来，做到这两者并不是非常困难。

尽管法官跟所有人一样，其判断可能有错，但在英格兰法律中总是有一些权力可能抚慰这些当事人，他们或可诉至大法官法院，或可通过他们自己所选择而由国王所任命之专员；每个人都需要接受他自己所挑选之法官的判决。

法律家：在什么样的情况下关于法律文本的正确解释会有悖于立法者的原意？

哲学家：很多，爱德华·库克爵士将其分为三类：欺诈，意外和破坏诚信。其实还有更多，因为，几乎每一条一般性规则都存在规则的制定者所不能预见的很多合理例外；每一部制成法中，尤其是较长的制成法中都有很多词汇，就文法而言有很多含糊歧义之处，而唯有充分地理解它们才能正确地知道制定该制成法之目的；而即使立法者的意图非常明确，但制成法中也会有很多起承转合之处，其间的关系相当可疑，文法学家很可能对其吹毛求疵。所有这些都是法官应当面对的难题，他们应当能够解决这些难题，因为他们就是缘于这个能力而被委任从事此一职责的，人们也可以对他们抱以希望；尽管如此，别人也可以做同样的事情，否则，法官的位置就不可能总是有人来接替。大主教通常是最能干、最理性的人，根据他们的专业，他们理应研究衡平法，因为它是上帝的律法；因而，他们应当有能力出任主掌大法官法院的御前大臣。他们是教导人们何为罪的人，也就是说在涉及良知的案件中，他们是医生。因而，为什么主教充任御前大臣是不合适的、有害的，你能给我讲一些理由吗？在亨利三世以前，这种情形很常见，而自那之后仅在詹姆斯时代一度为之。①

法律家：不过，爱德华·库克爵士说过，他从议会的卷宗中看到，一位不是以法律为业的人成为衡平法院御前大臣之后，整个王国都发出强烈抱怨，人们也向国王请愿，要求挑选本王国中最明智也最能干的人充任大法官法院法官。

哲学家：这个请愿是合理的，但它并没有说谁是最能干的人，是普通法法官还是主教。

法律家：问题并不在于作为法官的能力，普通法法官和衡平法法院在其各自的领域内都是能干之人。如果需要一位衡平法法官在几乎每个案件中，除了考虑理性律法之外也考虑制成法，那他就无法完美地履行其职责，除非他也事先研究过这些制成法。

哲学家：我看不出他为什么得研究制成法。在审理诉讼中，是普通法法官告诉庭上的出庭律师（counsel）应适用哪些制成法，还是出庭律师告诉法官？

---

① 哲学家的这话显然是针对库克的一个批评。因为，库克生活在詹姆斯一世时代，这位国王信任教会人士，教会法院也获得较大管辖权，而担任王家民事诉讼法院首席大法官的爱德华·库克试图限制教会法院的管辖权，坎特伯雷大主教多次向国王抱怨普通法法律家向教会法院颁发"禁审令"，剥夺其对某些案件的管辖权。此一争执涉及王权究竟是否受到法律限制这一宪制层面的问题，而霍布斯倾向于确保王权之绝对性，即使在司法问题上。

法律家：是出庭律师告诉法官。

哲学家：那为什么他们就不可以告诉御前大臣呢？除非你说，当一位主教在听人用英语阅读制成法时，不能像一位法律家那样准确地理解其意思。不，不是这样的，法律家和主教都有足够的能力，但如果不仅案件有一定难度，法官也需要克服其激情，则光有足够能力是不够的。我忘了告诉你制成法爱德华三世36年法第9条（36 Edw. Ⅲ.cap.9）里面说，任何人，只要觉得他自己因违反任一上述条款或别的制成法中的条款而遭冤屈，就可以自行或由他人代行入禀处理其申诉的大法官法院，他将在那里凭上述条款和制成法之效力而即刻获得救济，而不用到别处寻求救济。很显然，在我看来，根据这一制成法的用词可以确定，大法官法院可以受理在普通法诉讼中遭受冤屈之当事人的诉讼；因为该当事人可在该法院得到救济，而不用再到别处寻求救济。

法律家：是的。但爱德华·库克爵士（《英格兰法律总论》第四卷，第82页）提出了这样的反驳意见，他说，"他将获得救济"这句话只不过是说，他将在那里即刻获得一纸基于这些制成法的救济令状（remedial writ）[①]，然后再依据普通法得到救济。

[①] 令状制度是普通法特有的一种司法安排，由文秘署以国王名义签发给郡长或法庭或政府官员，要求接到令状者作为或不作为。自由人若欲在王室法院提起诉讼，须先取得相应令状，然后根据一定程序进行诉讼。因而，没有令状，就没有诉讼，也就没有救济。令状制度使得整个司法制度强调诉讼程式和正当的诉讼程序，突出了程序的重要性。

四　论法院

哲学家：这确实很像爱德华·库克爵士的想法：只要当事人得到了令状，他就得到了救济，即使他把令状装在兜里而没有到别的地方主张他的冤情；或者是他以为，对普通法法庭来说，大法官法院不算别的地方。

法律家：那么，有这样的法院……

哲学家：我们先停在这里。因为，你说的话让我相信，无须再去用别的标准来区分正义与衡平法了；根据你说的话我可以得出结论，正义使法律得到完满，而衡平法则阐释法律，并可修正依据该法律做出之判决。我并没有偏离爱德华·库克爵士给衡平法所下的定义（《英格兰法律总论》第一卷第 21 节），即衡平法是某种完美的理性，可阐释和修正成文法；尽管我对其做出了一些略有不同的解释；因为，除了能制定法律的人之外，没有人可以修改该法，因而，我没有说修改法律，而只是说修改存在错误的判决。现在我们更为具体地考察一下刑事犯罪，由此引起的诉讼通常被称为"国王之诉"，由国王对其进行惩罚。在最严重的刑事犯罪中的第一种乃是重叛逆罪（high-treason），请告诉我，什么是重叛逆罪？

五　论重罪

法律家：宣告何为重叛逆罪的第一部制成法是爱德华三世25年的制成法，其中有这些条款："即使在此之前关于何种情形属于叛逆、何种不属叛逆存在多种意见，应贵族院与平民院之请，国王已做如下宣示，即如一人图谋或策划谋害国王、女王或其长子和继位者；或如一人干犯国王之伴侣或国王之未婚长女或国王之长子和继承人之妻；或一人在国王之领土上对国王发动战争，或效忠于王国内之国王的敌人，在本王国或他处向其提供援助和便利；一个人凡有下列公开行为者，则可被其同侪判定犯有叛逆罪：伪造国王之国玺或王玺或其货币；将假币带入本王国冒充英格兰货币，比如被称为'Lushburgh'的货币，或别种英格兰货币；明知货币是伪造的却用于交易、用于支付，以欺骗国王及其人民；杀死御前大臣、财政大臣或国王任一法院的法官、巡回法庭法官或巡回法院的法官（Justices in Eyre, or Justices of Assizes）[①]，及任何其他被国王委任受理和裁决案件且正在其职位上履行其职责的法

[①] 亨利一世时，曾将御前会议中一些法官派往各郡征收赋税、听审案件，后弃置不用，亨利二世时又恢复。1176年，亨利二世将英格兰划分为六个巡回区（eyre），每区分派三位巡回法官执行财政和司法事务。每巡回至一郡时，巡回法官全体出庭受理刑事和民事案件，此时郡法庭便不再开庭。后来巡回制度进一步完善，对普通法之形成起了重要作用，使整个英格兰趋向于形成共同的法律。

官。对我们的国王和他的尊严所施行的上述行为,应被认定为叛逆罪;对于这样的叛逆罪,复归土地(escheats)将被没收为国王所有,除了他自己的,还有他持有的别人之土地和保有物。还有另一类叛逆罪,即仆人杀死其主人或妻子杀死其丈夫;或一个人,不管是俗人或宗教人士,杀死其曾表示敬信和服从之高级教士;对于这样的叛逆罪,复归土地应归其封地之领主所有。由于在此后还可能发生一个人不可能在当下设想或宣示的别的叛逆罪,因而国王同意,如有任何案件被认为属于叛逆罪,但又不在上述具体规定中,法官在接获此类案件后,应等候而不应做出叛逆罪判决,一直等候该案件呈报国王和议会,由其宣示它究竟属于叛逆罪还是属于别的重罪。"

哲学家:我想弄清楚什么是叛逆罪,光是列举事实不能让我满意。叛逆罪就其本身而言就是一种犯罪(*malum in se*),因而是普通法上的犯罪;而重叛逆罪也是普通法上所能看到的最严重的犯罪。因而不仅制成法,还有无须制成法之理性都认定其为一种犯罪。这一点可由上述宣示序言看出,所有人,即使有不同看法,但都因其名为叛逆罪而声讨它;尽管他们并不知道叛逆罪是什么意思,而被迫请求国王予以确定。我想知道的是,一个人除了具有纯粹自然的理性之外并不具有别的给叛逆罪下定义的天赋,在没有制成法的情况下,如何给叛逆罪下定义?

法律家:既然没有法律家做过这样的事,我也不会心血来潮贸然去做。

哲学家：你知道，"salus populi is suprema lex"意谓人民的安全就是最高的法律，而一个王国的人民的安全也包括国王的安全及其用于保护其人民不受外敌和叛乱臣民侵扰的力量之安全。由此我可以推论：1.谋逆（compass），即密谋杀死在位之国王，是制定该制成法所要防范之重叛逆罪，因为这等于密谋发动一场内战，并给人民带来灾难。2.预谋杀死王后或冒犯其贞洁，以及冒犯国王之当然继承人（heir-apparent）或其未婚长女的贞洁，因其有可能破坏国王之后嗣（issue）的确定性，从而有可能引发关于王位的纷争，进而以后可能引发内战而给人民带来灾难，因此该制成法视之为重叛逆罪。3.在本王国内对国王发动战争，在境内或境外援助国王之敌，因其可能使国王死亡或使其丧失继承权，根据普通法，该制成法列其为重叛逆罪。4.伪造国王用于统治其人民的本国王之主要印玺，有可能导致政府混乱，从而给人民带来灾难，因而被该制成法列为重叛逆罪。5.假如士兵在战时密谋杀死其将军或别的军官，或一位军官带领其队伍可疑地逡巡不前，意图在保全自己并伺机夺取胜利果实，不管国王是否在场，这都有可能导致国王和人民之灾难，因而属于该制成法上的重叛逆罪。6.如有人监禁国王本人，将使其没有能力保护其人民，因而它被列为该制成法上的重叛逆罪。7.如有人密谋对国王发动叛乱，借助于书面语言或故意到处散布，否认现国王不是其合法国王，则写作、鼓吹或谈论这些言论者，只要其当时仍在国王法律之保护下，就犯了该制成法上的重叛逆罪，理由如上。也许根据该制成法还有别的情形，我目前无法予以详尽考察。不过，由该制成法所确定的杀害法官或别的官员，本来不是重叛逆罪，但由该制成法确定为重叛逆罪。要区分普通法上的重叛逆罪与别的较轻犯罪,我们就得考察,假如实施了这些重叛逆罪,是否会立刻摧毁全部法律;如系由臣民所为,则该背叛行为理应招来敌意;因此,根据理性的律法,这些人就是叛国者,也会被当作不光彩的、背信弃义的敌人;不过,最严重的其他犯罪大部分都只是违犯了一条或几条最起码的法律。

法律家:不管你说的是真是假,现在,根据玛丽女王元年和2年制定的制成法,法律的规定是无可置疑的:除了爱德华二世25年法案中所具体提到的那几种违法行为外,任何别的行为不得被视为叛逆罪。

哲学家:在严重犯罪行为中,最严重的是密谋杀死一个信任并爱他的人:因为人不会提防一个他认为施了恩惠的人,而一个公然的敌人则在其采取行动前会给他发出警告。正是由于这一原因,该制成法宣布,一位仆人杀死其主人或主妇、妻子杀死丈夫、神职人员杀死高级教士,则是另一类叛逆罪。我也会认为,一位基于臣服和效忠而成为完全保有地产权人(tenant in fee)的人如杀死其封地的领主,也应属于比较轻微的叛逆罪,因为效忠是发誓忠于该封地之领主;只有当此种效忠意味着反抗国王之时,才可不遵守这一誓言,除此之外,一个人必须遵守其效忠誓言。因为臣服(homage),如爱德华二世17年的一部制成法明文规定的,乃是一个人可对另一人所能表示之最大程度的顺从。因为该地产保有人应以其双手拉着其领主的双手并这样说道:从这一天起,我将终生成为你的封臣（man），我的家庭成员、我的世俗荣耀都归你，我将信守我对我从你那里得到的这块土地之诺言（faith），我也向我们至高无上的国王及很多别的领主信守这种诺言。这种臣服如果是针对国王的则等于承诺完全顺服，如果是针对国王之外别的领主，则除非是面对对于国王的臣服义务，否则不得有任何例外；它被称为"效忠"，同样是由一个誓言所确认的。

法律家：不过，爱德华·库克爵士（《英格兰法律总论》第四卷，第11页）不认为，从法律上理解，叛国者就是国王的敌人。他说，因为敌人是那些摆脱了对国王的臣服义务之人。他的理由是，假如一位臣民与外敌勾结，并与其一起进入英格兰，然后在英格兰被逮捕，那他就不能被赎回，或作为一个敌人来处理，而应被视为背叛国王的人。而一个敌人若带着公然敌意进入并被抓获，那就应按照军法对其处理，或在获得赎金后予以释放；因为他不能被大陪审团指控以叛逆罪，原因在于他从来不在国王保护下，对国王没有效忠义务，而大陪审团对叛逆罪的起诉则是说，违反其效忠（*contra ligeantiam suam debitam*）。

哲学家：这不是一个值得最鄙陋的法律家考察之论点。爱德华·库克爵士难道认为，国王如无大陪审团起诉书就不能合法地杀死一个人——不管是怎样个死法，假如已经显著地证明了该人是其公开的敌人？大陪审团指控是英格兰特有的一种指控形式，依据的是英格兰若干国王的命令并被一直保留至今，因而是英格兰这个国家的一项法律制度。但假如除了大陪审团的指控之外不能合法地处死一个人,则在别的国家就根本不可能处死敌人,因为,这些国家不像我们那样有大陪审团起诉制度。还有,如果一位公开的敌人被抓获并根据军法被处死,那这并不是将军或负责战争的国王顾问的法律可对敌人进行审理,相反,它是国王的法律,体现于国王颁发给将军们的委任状中,国王一直认为它是合适的,而究竟是公开的敌人——在其被抓获后将被处死,或者不是公开的敌人,将以别的方式被处死;究竟他可被赎回,或者不能赎回,又或者以何种代价赎回,等等,这些最终都取决于国王给将军们的委任状。因而,叛乱也具有叛逆的性质,判其为叛逆罪难道不是对敌意的回击?叛乱还能指什么呢?征服者威廉征服了这个王国,他杀了一些人,另有一些人承诺效忠于他,获得他的宽宏对待,他们成为他的臣民,并发誓效忠于他。因此,假如他们重新发动针对他的战争,他们难道不是再次成为其公开的敌人?或者他们中的一些人在他的法律之下鬼鬼祟祟地活动,伺机秘密地杀害他,事情败露,他们难道不能被当作敌人来处理?尽管他们还没有实施自己的图谋,但确实已经有了一个敌意的预谋。长期议会难道不是曾经宣布,反对他们针对最近那位国王的诉讼的一切人都是国家的敌人?然而,当两个词指的是同一意义时,爱德华·库克爵士总是不能仔细地予以分辨:尽管一个包含另一个,他却总是将其说成两个东西,比如同一个人就不可能同时是敌人和叛国者。不过,下面我们来看看他对该制成法的评论。该制成法说(它是用英文印刷的),如果一个人密谋或设想杀害国王云云。"密谋"或"设想"(compassing, or imagining)这些词是什么意思?

法律家： 关于这一点，爱德华·库克爵士曾经说过，在该法案制定之前，"voluntas reputabatur pro facto" 意谓意志视同行为。布拉克顿也这样说过："spectatur voluntas, et non exitus; et nihil interest utrum quis occidat, aut causam præbeat"，意谓，考察其动机而非结果，是否杀人无关紧要，有动机足矣。现在，爱德华·库克爵士说，这是该制成法制定之前的法律；杀人动机要通过导向这种意图之实施或者可能是死亡之原因的一些公开行为而宣示出来。

哲学家： 有哪个英国人能明白导致一人死亡与宣示该原因完全是一回事？假如确实如此，而且，假如这就是在制成法制定之前的普通法，那么，根据该制成法中的哪些规定取消了它？

法律家： 它没有被取消，而是确定了必须对其予以证明的方法，即必须由一些公开行为来证明，比如提供了武器、火药、毒药，试穿了盔甲，发了信，等等。

哲学家： 但这一制成法确定的叛逆罪的犯罪本身是什么？因为根据我对密谋和设想杀害国王等话的理解，密谋（它是以英语写的）乃是使之成为叛逆罪的唯一东西。因而，不仅是杀害行为，还有预谋本身，都算重叛逆罪；或者根据法文卷宗，"fait compasser" 即唆使他人密谋或策划杀害国王，也是重叛逆罪；加上依公然行径（par overt fait）等词，不是对叛逆罪或别的刑事犯罪的说明，而只是表明，法律要求证据。因而，既然这种犯罪就是杀害国王或导致其被杀害的计划和目的，而这些隐藏在被指控者心中；那么，除了他说的话或写的字之外，还要找到别的什么证据吗？因而，假如有足够的证人证明，通过这些话语，他确有这样的计划，那么毫无疑问，他就犯了该制成法所定的叛逆罪。爱德华·库克爵士也没有否认，只要他通过谈话或书面文字表露了这一计划，他就在该制成法规定的罪名内。至于人们常说，光是话语就可以构成异端罪，但不能构成叛国罪，爱德华·库克爵士在这里也曾引用过这句话，这其实无助于论证其观点；既然该制成法并不是将这些话语而是将意图算为重叛逆罪，而话语不过是该意图的证据而已；流行的说法是错误的，它说的是一般情况。而在该制成法之后又制定过多部法律，尽管现已失效。这些制成法就是依据话语本身确定叛逆罪而无须别的行为，比如制成法伊丽莎白元年法第6条（1 Eliz. cap. 6）和伊丽莎白13年法第1条（13 Eliz. cap. 1），它们规定，一个人若公开宣称国王是一位篡位者，或王权属于目前在位的国王之外的另一人，毫无疑问就属于叛逆罪。不仅爱德华三世的制成法如此规定，爱德华六世（Edward Ⅵ，1537—1553）的制成法爱德华六世元年法第12条（1 Edw.Ⅵ. cap. 12）也是这样规定的，而这两者目前仍然有效。

法律家：不仅如此，假如一位臣民劝他人杀害国王、女王或王位之当然继承人，今天也会被判处重叛逆罪，但却不能仅凭言辞本身。在詹姆斯国王3年，一些火药阴谋集团的叛国者

(gun-powder traitors)① 在忏悔时向耶稣会教士亨利·加内特（Henry Garnet）披露了其计划，鉴于其已终止实行其计划，或者没有再帮助实现这一威胁，这位教士没有发出任何警告就赦免了其罪，他因此被控告并被判为叛国者，尽管他的赦罪行为（absolution）只是一些言论。我也在爱尔兰总检察长约翰·戴维斯爵士（Sir Edward Davis）的判例集中看到，在亨利六世在位时，一个人由于说了句"国王天生是个傻子，因而不适合进行统治"而被控叛逆罪。不过，爱德华三世制成法中的这一条款，即这里提到的密谋应由一些公开行为来证明的条款，未尝不是由该制成法制定者在其中插入了伟大的智慧和上帝的恩宠。因为，诚如爱德华·库克爵士非常正确地指出的，当证人提出的证据仅为言辞时，他们永远或几乎很难准确地就这些言辞所表达的意思达成一致看法。

哲学家：我不否认这一规定是非常明智的。不过，这里涉及的问题已经不是叛逆罪——不管它是事实还是计划，而是在证据比较可疑时，应由十二位守法之人组成的陪审团来裁定。因此，一个人亲口说出自己杀人的意图因而可以被证人听到，或者他准备武器、火药、毒药、装备兵器，究竟哪一个是更好的证据？假如他用言辞表露了其计划，陪审团只需考察证人的合法性、他们

---

① 指1605年一些天主教徒试图炸毁英国议会大厦的阴谋。一般猜测系这些教徒为反抗英国政府镇压天主教的措施。当年3月，一位阴谋分子租了位于英国议会上院的地窖，在那里藏了20多桶火药。10月，一位天主教上院贵族接到一封信，谓其若珍惜生命就不要去议会开会。该贵族将此事告发政府，11月4日，在詹姆斯国王召开议会前一天，政府起获炸药，后有多位图谋者被逮捕处死。

的证言的一致性或者这些话是否属于故意说出即可,而不用再考虑别的。因为,它们可以在一次仅仅为了实施的争吵中表露出来;或者当谈论这些事情的人在实施他所谈论的计划时没有运用理性,或者也许根本就没有那样的计划或意愿。然而,如果没有一些能够表明一人进行筹备的意图的言辞,我实在无法设想,陪审团如何能从该人筹备或购买盔甲或购买火药或别的公开行为中推论出该人有杀害国王的计划?因为那些筹备活动本身并非叛逆。因而,陪审团在根据理性做出其应做出之陪审团裁决时,应全面以言辞和行为为依据,做出其是否已有计划的裁决。不过,说到伪造国玺或王玺的叛逆罪,鉴于一个行骗的家伙可有多种办法伪冒这些印玺欺骗国王及其人民,那么,为什么除了制作假印玺之外,并不是所有这类违法行为都属于重叛逆罪?

法律家:确实如此,因为爱德华·库克爵士记录过一个判例:有人从一份过期特许状上取下国玺,将其贴在一张假冒委任状上,借以敛钱,他因此被绑在囚车后面拖往刑场绞死。但库克爵士不赞成这一判决,因为这是对轻叛逆罪的判决;也因为在审理过程中,陪审团没有发现大陪审团起诉状所列举之违法行为[①],即

---

① 这里涉及司法程序中两个不同阶段、两种不同性质的陪审团。一个是大陪审团(由12至23人组成),一个是小陪审团(一般由12人组成)。前者只负责决定被告者是否应被起诉,由检察官向大陪审团提出,大陪审团成员之多数如认为犯罪已得到充分证明,则在申请公诉书上签署"准予起诉",被告人则成为被告,将接受法庭之审理;否则,大陪审团裁定"不予起诉",被控告人应予释放,此一裁决称为"起诉"(indictment)。对案件的审理则由小陪审团承担,原则上需以全体一致对被告作出有罪或无罪的裁决(verdict)。

伪造国玺罪行,只是发现了特定事项(the special matter)①,他却因此被拖往刑场并被绞死。

哲学家: 既然取下一份文件上的国玺贴到另一份文件上的犯罪不被陪审团认定为重叛逆罪,也没有确定该特定事项属于同一制成法中所提到的别的类型的叛逆罪,那么,陪审团究竟根据什么认定叛逆罪或法官究竟凭什么对其决定刑罚?

法律家: 我不知道。爱德华·库克爵士似乎觉得那是一份伪造的判例,因为他针对该判例顺便警告读者说,由此看来根据传闻来报告一件案件是多么危险。

哲学家: 正确,但他并没有证明,关于这一案件的报告是不真实的;恰恰相反,他承认他已相信了该报告;即使没有可以证明一份报告虚假的证据,一个人也可以同样拒绝承认该报告是真的。就我自己而言,鉴于这种犯罪导致了与伪造国玺相同的恶果,我觉得将其理解为属于该制成法涵盖的范围是合理的;至于两者的刑罚虽然不同,但都是死罪,因而我觉得不值得挑剔。死刑就是极刑(*ultimum supplicium*)了,已足以合乎法律之要求,对此爱德华·库克爵士在别处也已承认。不过,我们接下来再来讨论别的犯罪吧。

---

① 小陪审团可做出概括裁断(general verdict),在刑事案件中即指被告是有罪还是无罪,也可做出特定裁断(special verdict),即仅对案件中的特定事项做出裁决,而不确定被告是否有罪,将对该事适用法律的问题留给法官来解决。

法律家：附属于此种犯罪的是另一种犯罪，即窝藏叛逆罪（misprision of treason）；也即明知叛逆罪而隐匿之；"窝藏"出自法文的"*mespriser*"，意思是"不予置理"或"未予重视"。因为，对每位臣民来说，不告发自己所知道的针对国王本人因而也是对整个王国的危险，都不算一桩轻微犯罪，因为，这样不仅可以发现他所知道的事情，也可以发现他所怀疑的东西，据此可以对真相进行深入调查。这样的告发，即使被事实证明是虚假的，在我看来，这位告发者也不应被视为虚假控告人而遭到逮捕，因为，对于他自己所确信的东西，他提出了合理的证据，他的怀疑是有一些可能性的。否则的话，隐匿就看起来更加合乎自己的利益，而每个人都是可以追求自己的利益的，都会倾向于为了自保而回避痛苦和损害。

哲学家：我同意这些看法。

法律家：除此之外世俗的（temporal）犯罪都包含在重罪（felony）或侵害罪（trespass）[①]中。

哲学家：重罪一词的意思是什么？它是指就其本身性质而言即系某种犯罪者，还是指一些制成法所规定之某种犯罪？因为我记得，有些制成法规定，将马匹之类的东西运出本王国乃是一项重罪；而这种贸易在该制成法颁布之前及其被废止之后，比起商

---

① 在现代法中，有三层含义：侵害他人财物，侵犯他人人身及侵入他人土地。

人进行的其他正常贩运活动，算不上更大的犯罪。

法律家：爱德华·库克爵士认为重罪（felony）一词出自拉丁文的"*fel*"，意为一种生物的胆汁；据此，他将重罪定义为一种出于仇恨目的（*animo felleo*）而做的行为，也就是说，一种充满仇恨的、残忍的行为。

哲学家：语源学的解释不能算定义，尽管正确的语源解释大大地有助于探究定义。然而，爱德华·库克爵士的定义则一点都没有依据。因为，制成法将很多行为划归重罪，但它们却根本不是出于心理上的仇恨而实施的，很多反而是出于相反的心理而实施的。

法律家：挑剔历史和外国语言方面的知识，这是批评家的事情，关于这一点，你可能知道得比我多。

哲学家：关于这一问题，我——我觉得任何人——可以说的东西充其量不过是合理的推测而已，不足以支持围绕法律展开的争论中的任何观点。兰巴德先生[①]宣布，这个词在古老的撒克逊法律中根本找不到，在《大宪章》之前所颁布的制成法中也找不到；而在《大宪章》中则能找到它。《大宪章》系制定于亨利三世时。

[①] 兰巴德先生（Mr. Lambard）即威廉·兰巴德（Willaim Lambard），著有《古代法释义》，出版于1568年，主要是对盎格鲁-撒克逊、征服者威廉和亨利一世时期的法规的释义。

他是安茹伯爵亨利二世（Henry Ⅱ，1133—1189）的孙子，生来就是一个法国人，是在法兰西精神氛围中长大的，而法国人的语言中保留了很多他们的日耳曼法兰克祖先的单词，就像我们保留了很多日耳曼撒克逊祖先的词汇一样，也保留了很多高卢人的语言中的词汇，就好像高卢人也保留了殖民于马赛的希腊殖民者的很多词汇一样。可以确定的是，当时的法国法律家们使用"felon"这个词，跟我们的法律家一样；而法国普通人则使用"*filou*"这个词表示同样的意思。不过，"*filou*"指的不是犯下他们称为"重罪"的那种行径的人，而是指为了维持其生存而违反和无视一切法律的人，包括所有不守规矩之人，如骗子、小偷、撬锁者、铸造假币者、造伪者、窃贼、抢劫犯、杀人犯等，在陆地和海上利用种种恶劣行径做生意、维持生活的一切人。定居到马赛殖民地的是亚洲沿岸的希腊人——荷马就生活在那里。他们用同一个单词来描述带着恶意（felon）而实施的这类事情，那就是"ιλήτη, *filetes*"。荷马所用之词"*filetes*"指的恰恰就是我们用"felon"指的东西。因而，荷马让阿波罗将墨丘利称为"ιλήτην, *fileteen*"和"ρχον ιλήτων"。我不想坚持说，这一语源学解释是正确的，但它比爱德华·库克爵士所说的仇恨目的（the *animus felleus*）肯定要更合理一些。就问题本身而言，已经足够清楚了，我们现在所说的谋杀、抢劫、盗窃及其他重罪犯的行径，就是我们所说的重罪，不需要借助于制成法，仅就其自身性质而言就是犯罪。使其性质彼此有别的，不是惩罚的方式，而是罪犯的心理及其意图实施的伤害行为，要将其与人、时间、地点等因素结合起来考虑。

法律家：在重罪中，最严重的犯罪是谋杀（murder）。

哲学家：那么，什么是谋杀？

法律家：谋杀就是基于预谋之恶意（malice forethought）杀死一个人，可能是用武器，可能是用毒药，也可能是用别的方式。总之，都是基于事先的考虑而进行的；因而，谋杀就是冷血地杀死一个人。

哲学家：我觉得，亨利三世52年法第2条（52 Henry Ⅲ. cap. 2）这部制成法对谋杀给出了一个很好的定义：自此以后，被发现仅系由于不幸①而杀死一个人，不应被我们的法官判为谋杀；只有犯重罪时杀人，才属于谋杀，其他的都不是。②爱德华·库克爵士在《英格兰法律总论》第二卷第148页解释这部制成法说，在这部制成法颁布之前有一种不当做法，即由于不幸而杀死人，在做并不违法的事情且该人之死并非其意图时杀死人，也同样被判为谋杀罪。但我并没有发现他这种说法的依据，我在兰巴德先生编纂的撒克逊法律中，也没有发现这样的法律。诚如爱德华·库克爵士已经强调的，这个词是古老的撒克逊语，他们用该词指一个

---

① "misfortune"，在普通法上，当该词被运用于杀人罪时其含义为：引起他人死亡的人在当时并未从事任何非法行为。
② 此即英国普通法上的重罪谋杀规则（felony murder doctrine），对犯重罪或企图犯重罪时故意或非故意造成他人死亡，均以谋杀罪论处。但英国当代已废除该规则。

五 论重罪

人在田地或别的地方被杀死,而不知致其死亡者是谁。在这之后,生活于《大宪章》时代的布拉克顿这样给它下定义(第134折页):谋杀就是秘密地杀死一个人,除了杀人者和其同伙之外,没有别人看到或知道,因而不知道是谁干的,也无法对该犯实施立即追捕(fresh suit)[①]。因而,在知道杀人行为是否由于重罪而实施之前,都被称为"谋杀";因为,一个人可被发现是自杀身亡,或被另一人合法地杀死。如果谋杀是秘密而为的,则谋杀之名也就更加可怖,因为它会使每个人都考虑自己的危险,而看到死尸的人也都会大为惊怖,就像一匹马看到死马一样。为了防止这样的事情再次发生,他们就制定了法律,惩罚发生此事的百户区[②],由法律规定一笔数额作为对其生命的补偿。因为在那个时代,所有人的生命都用金钱来衡量,金钱数额由法律予以规定。[③]爱德华·库克爵士认为,在马尔布里奇(Marlebridge)那部制成法之前,由于不幸而杀死一个人被判为谋杀,他的这种看法是错误的。秘密杀人遭到人民的憎恶,因为犯罪分子逃逸让他们遭受巨额金钱惩罚。但这种冤情在卡努图斯(Canutus)在位时被缓解了,因为他制定了一部法律,发生这种事情的郡不应遭到惩罚,除非被杀死的是英

[①] 警察为逮捕重罪犯,有权越过其管辖范围进行连续追捕,直到逮捕犯人为止。
[②] 百户区(the hundred),英格兰于盎格鲁-撒克逊时期在郡之下建立的基层行政单位,其究竟如何组成,众说纷纭。百户区由高级治安官(high constable)管理,并有其法庭。百户区居民集体对其中成员的犯罪行为或法庭缺席行为承担责任。这也正是哲学家正在解释的。
[③] 这是日耳曼人的一种古老习惯,任何犯罪行为都可用赔款或罚款方式获得解决。

84 格兰人;而假如被杀死者是一个法国人(在这一名字下其实包括所有外国人,尤其是诺曼人),则即使杀人者已经逃逸,该郡也不用交纳罚款。如果被杀死的是英格兰人,而其朋友证明了他确实是英格兰人,则这部法律是非常苛刻的,其罚款是难以承受的。这部法律又不给外国人以正义,这也是不合理的。尽管如此,直到爱德华三世14年,它才被废除。由此你可以看出,谋杀是有别于上述制成法所说的杀人(homicide)的,如果没有该制成法而根据普通法,两者则没有区别,你也可以看出,谋杀包含在重罪这一概括性名词下面。

法律家:轻叛逆罪也是如此。我想重叛逆罪也一样。因为在上述爱德华三世25年制成法中,关于叛逆罪有这样的条款:由于未来可能发生很多其他叛逆罪案件,而对于它们,无人能在当下即想到或宣布,因而以下做法是合适的:假如发生不在上述规定范围内而被认为属于叛逆罪的案件被提交于法官之前,法官应当等候,不应判其为叛逆罪,而应将该诉讼提交国王和其议会,由其宣判究竟是叛逆罪还是别的重罪。这就表明了,国王和议会认为叛逆罪是重罪的一种。

哲学家:我也这样认为。

法律家:但爱德华·库克爵士认为今天不是这样的。因为在谈到"重罪"这个词时(《英格兰法律总论》第一卷第745节),他说在古代,"重罪"这个词所涵盖的范围很广,也包括重叛逆罪;

但后来发生了变化，在国王的赦免状和特许状中，"重罪"一词仅指一般的重罪；到今天，根据法律，"重罪"仅指轻叛逆罪、谋杀、杀人、纵火烧房、入室行窃、抢劫、强奸等，偶然还会加上自卫杀人（*se defendendo*）和轻盗窃罪（petite larceny）。

哲学家：他说，后来发生了变化，但谁导致了这种变化？

法律家：是亨利四世时代的巡回法庭法官，变化是逐渐发生的。

哲学家：巡回法庭的法官根据其委任状拥有改变王国的语言和词汇之约定俗成的含义的权力吗？或者说，在涉及哪些案件应被称为重罪的问题上要由法官来决定，而在涉及哪些案件应被定为叛逆罪的问题上，根据爱德华三世的制成法，要由议会来决定？我可不这样认为。当然，如果提到重罪时不包括叛逆罪，也没有以任何关于事实的具体规定来明文规定它，法官也许有责任不接受对叛逆罪的赦免。

法律家：还有另一种杀人罪，被称为"非预谋杀人"（manslaughter）[①]，根据这个词就可以看出，它不是谋杀。也就是说，一个人由于突发的纠纷、在热血沸腾之际杀死另一个人。

[①] 普通法上将非预谋杀人区分为两种：非预谋故意杀人和非预谋过失杀人。

哲学家：假如街上有两个人偶尔因为谁靠墙而行争执起来，随后发生打斗，其中一人杀死另一人，那么我绝对相信，第一个拔剑的人就是以预谋之恶意杀人的，尽管这不是长期的预谋。不过，它是不是重罪则可以讨论。它所造成的损害与重罪所造成的损害确实是一样的，但是意图似乎没有重罪那样邪恶。假如它是据重罪而为，那么很显然，根据马尔布里奇制成法，它就是谋杀罪。如果一个人因为一句话或一点琐事而拔剑杀人，人们怎么设想该人就没有一点事先的恶意？

法律家：很可能或多或少有恶意；因而法律对它所规定的惩罚等同于对谋杀之惩罚，除非犯罪分子拥有神职人员的特权（the benefit of his clergy）①。

哲学家：神职人员特权是因为别的理由出现的，而它并不是对犯罪的任何减轻；因为它只是以前僭取国王权力之教皇特权的残余，现在，根据很多制成法，它已受到限制，而仅适用于很少几种违法行为，且已成为表示宽宏的一种法律工具，不仅对神职人员，也对俗人。

法律家：你看，法官的工作是非常棘手的，需要一个人拥有在人们普遍认为没有区别的案件中清晰分辨其间差异的技能。细

---

① 唯有神职人员享有的特权或豁免权，其中包括在少数特定案件中享有世俗法院刑事诉讼和审判的豁免权，而由教会法院审判。在英国，这一特权后来扩大到俗人，1827 年被废除。

节会造成巨大差异;因而,一个人若不能洞悉这些差异,就不应承接法官之职位。

哲学家:你说得很好;因此,如果法官遵循彼此在先例中的判决,那么这个世界上的整个正义最终就要受制于少数几个博学或不学无术、无知之人,而根本就与理性的研究无关了。

法律家:第三种杀人则是一人或者由于不幸,或者出于自卫,或者为了保卫国王或捍卫法律而杀死另一人;这样的杀人既不是重罪,也不是犯罪,除非像爱德华·库克爵士所说,如果一个人所做的该行为即他杀死另一个人是非法的,那将属于谋杀。比如,A企图偷盗B的园林中的鹿,向鹿射了一箭,但箭掠过鹿而杀死了藏在树丛中的男孩,这就是谋杀。因为,该行为是非法的;但假如园林的拥有者做了这样的事,射自己的鹿却杀死了男孩,那就是意外杀人(misadventure)而非重罪杀人。

哲学家:制成法并不做这样的区分,只有爱德华·库克爵士搞的普通法才讲这种区分,而我对其绝不相信。一个男孩正在一棵苹果树上偷果子,掉到一个站在树下面的人头上,砸断了其脖子,却救了自己的命,爱德华·库克爵士就会说,这个男孩应当因此而被绞死,似乎他是出于故意的恶意而掉下来的。然而本案中的犯罪充其量只能说是一个简单的侵害他人财物而已,对此,也许只需赔偿六便士或一先令即可。我承认这种侵害是践踏法律的违法行径,但掉下来的动作本身却不是,那个人的死亡也不是由于那男孩侵害他人财物,而是由于他掉了下来;他应当对杀人做出赔偿,同样他应当对侵害他人财物做出返还。但我相信,爱德华·库克爵士犯错误的原因是,他没有很好地理解布拉克顿,他曾在其著作页边引用过布拉克顿的话(同上第三卷第4章,第120b折页),他是这样说的:"*Sed hic erit distinguendum, utrum quis dederit operam rei licitæ, vel illicitæ; si illicitæ, ut si lapidem projiciebat quis versus locum per quem consueverunt homines transitum facere, vel dum insequitur quis equum vel bovem, et aliquis a bove vel equo percussus fuerit, et hujusmodi, hoc imputatur ei.*"意谓:但在这里,需要区分一个人究竟是在从事合法活动还是非法活动;如果是非法的,比如他把一块石头扔到人们经常通行的地方,或者他追赶一匹马或一头公牛,因而使一个人被该马或牛所伤;这些应当归咎于他。这是完全合理的,因为,实施这里所说的这类非法活动已经足够证明他有犯重罪的意图,至少他希望杀死这个或那个人,而根本不管被杀死的是谁,这比筹划杀死一个明确的对手还要恶劣,尽管后者是谋杀。相反,尽管一个人所做的事情是合法的,有时却凑巧导致他人的死亡,这样的杀人也可以是重罪。因为,如果一位车夫驾着其马车经过跳蚤市场时冲入一群人中,杀死了一个人,尽管他并没有表现出任何恶意,但由于他清楚存在非常巨大的危险,因此可以合理地推测,他试图冒杀死这个或那个人的风险,即使该人没有被杀死。

法律家:自愿杀死自己也是一种重罪,不光普通法法律家,还有好多部制成法都将其称为"自杀者"(*felo de se*)。

哲学家：确实如此；因为，制成法所说的名词就等于定义。但我想象不出一个人怎么会对自己有那种罪恶的意图（*animum felleum*），或对自己有那么大的恶意，以至于自愿伤害自己，更不要说杀死自己。因为，每个人的意图天生地、必然地是致力于对他有益的东西，而倾向于保护自己。因而我觉得，假如他杀了自己，那就应当推测，他不是心智失常的（*compos mentis*），而是由于某些内心痛苦或由于对某些比死亡更糟糕的东西的忧惧而精神错乱。

法律家：进一步说，除非他是"心智失常"，否则他就不是自杀者，爱德华·库克爵士这样说过（《英格兰法律总论》第三卷，第54页）。因而，除非首先证明他是"心智失常"，否则就不能判定他为自杀者。

哲学家：一个死人怎么能够做证明？尤其是假如不能由证人证明，就在他死亡前不久他还跟别人一样说话？这是一个难题，在你为普通法辩护之前，你需要对此先做澄清。

法律家：我考察一下这一点。有一部制成法亨利七世（Henry Ⅶ，1457—1509）3年法第14条（3 Hen. Ⅶ. cap. 14），它规定，身份低于贵族（Lord）的国王的家仆（household servants）筹划杀死国王的枢密院成员，属于重罪。原条款如下：自此以后，只要有任何仆人，已被录用成为国王的宣誓仆人，其名字已被登录在薪水册中，不管他是谁，不管服务于哪方面，哪个职位，或哪个宫室，拥有何种名号,如果他拥有或得到低于贵族的身份,而与他人结成同谋、策划、阴谋或设想侵害、谋杀国王、本王国任何贵族、国王枢密院中宣过誓的任何人或国王的王室管家、王室司库、王室主管会计,则十二位行为端正、列入尊贵的王室之薪水册中的贤明之士,可在在位之国王的王室管家、王室司库和王室主管会计或其中拥有完整权威和权力的任一位面前对其进行调查。即使这些歹徒在忏悔中或从事别的活动时被发现有罪,上述违法行为亦应被判为重罪。

哲学家:根据这一制成法可以看出,不仅图谋杀死你所说的枢密院成员,而且杀死本国任一贵族,都是重罪,只要它由本人不是贵族的国王家仆所为。

法律家:不过,爱德华·库克爵士根据"本王国的贵族或国王枢密院中宣过誓的任何人"这句话推论(《英格兰法律总论》第三卷,第38页),这里的贵族只能被理解为枢密院成员。

哲学家:在我看来,为了不让议会上院的贵族们享有这种特权,他缩小了该制成法的适用范围。不过,如何审判这样的重罪呢?

法律家:可以由王室家仆中十二个人在王室管家、司库、主管会计或其中任一人面前制作陪审团起诉书。进行审判的小陪审团必须是国王另外十二位仆人,法官仍是王室管家、司库和主管会计,或其中两位;而我知道,这些人通常并不是深入研究普通法的人。

哲学家：因此，你可以肯定，要么是国王和议会总是花很大心思监督挑选官员，使之临时充当普通法的审判法官，要么是爱德华·库克爵士急于侵吞整个司法权，既包括普通法的也包括衡平法的，使之全部归于普通法法律家；仿佛一般俗人、世俗贵族，还有宗教贵族——他们最精通于思考衡平法和涉及良心的案件——在他们听人阅读制成法和法庭辩论时都不适合于对法律之意图和含义做判断。我知道，不管是这些大人物还是主教，通常都不会从其日常工作中拿出那么多闲暇时间[研究法律]，从而对在法庭上打官司也应付自如；但他们，尤其是主教们，当然是最有能力对理性问题——（爱德华·库克爵士也承认）除了血统（blood）之外的各种普通法问题——进行判断的人了。

法律家：另一类重罪是抢劫，尽管没有非预谋杀人；爱德华·库克爵士是这样定义的（《英格兰法律总论》第三卷，第68页）：根据普通法，抢劫是通过对他人人身进行暴力攻击、通过使其陷入恐惧并拿走其金钱或别的有价值的东西而犯下的重罪。

哲学家：抢劫与一些制成法上规定的盗窃没有区别。强盗行为（Latrocinium）包括这两者，两者都是重罪，两者都要被判死刑。因而，正确地区分它们，唯有靠理性。第一个区别，所有人都能看到，那就是，抢劫是靠暴力或恐吓，而盗窃则没有这两者。因为盗窃是偷偷的行动，因而，靠暴力或恐吓拿走，不管从其身上还是当着他的面,都是抢劫。但如果是偷偷地拿走,不管是白天还是晚上,从他身上或从他的羊栏中或从他的牧场上拿走,都是盗窃行为。因而盗窃和抢劫的唯一区别就是暴力和欺诈。两者都源于堕落的意图,就其性质而言都是重罪。但恶人也能在重罪范畴中找到法律的很多漏洞,我不知道在重罪范畴中该将其放在哪个位置。比如假设我在白天或黑夜偷偷进入另一人的麦田,麦子已经成熟,我将其割下装车运走:这是盗窃还是抢劫?

法律家: 两者都不是,这是侵入他人土地(trespass)。但如果你首先铺开你割下的麦子,然后将其装上马车并运走,那就是重罪。

哲学家: 为什么这样?

法律家: 爱德华·库克爵士可以告诉你其中的道理(《英格兰法律总论》第三卷,第107页)。因为,他是这样定义盗窃罪的:根据普通法,盗窃罪就是某个男人或女人具有重罪性质的、欺诈性地占取并拿走另一个人的、纯粹属于他本人的财物,而既未侵犯其人身,也不是夜晚从主人家中拿走财物。根据这样的定义,他在第109页这样论证说:生长于土地上的任何种类的玉米或谷物是属于个人的动产,该所有者之指定遗嘱执行人应当拥有它们,即使并未写入遗嘱中,亦不得对其犯下偷盗罪①,因为它们

---

① 偷盗罪(larceny),以非法占有为目的,未经所有人同意而取走他人财物的行为。盗窃罪(theft)要比偷盗罪的范围广,它包括偷盗、诈骗、侵占和抢劫。

附属于该不动产;生长于土地上的草或生长于树上的苹果等果实也是如此;装契据的盒子和箱子也是如此,不得对它们犯下偷盗罪,因为契据关乎该不动产,而盒子或箱子尽管本身并无多大价值,但它们却与契据本身具有同样的性质;高价值者吸附低价值者(*et omne magis dignum trahit ad se minus*)。

哲学家:这一定义是从制成法中总结出来吗?或者它们是否见诸布拉克顿和利特尔顿等研究法律科学的学者之著述?

法律家:都不是,那是他自己提出的。你可以从分散于其著述的合乎逻辑的语句中得到结论,他是一位逻辑学家,完全有能力提出一个定义。

哲学家:但假如他的定义必然成为法律的规则,他不就可以随心所欲地将其定为重罪或不定其为重罪?而鉴于它并不是制成法,则如他所说,它就必须是非常完备的理性,否则就不能成为法律;而在我看来它远不是理性,我倒觉得它是很荒谬的。不过,我们还是详细考察一下它吧。他说,不可能偷盗正在生长的玉米、草或水果,也就是说它们不可能被偷盗。但为什么呢?因为它们涉及不动产;也就是说,因为它们涉及土地。土地确实不可能被偷盗,一个租佃权也不能被偷盗;但玉米、树木和水果即使在生长期中,也可能有人无视法律之规定将其收割,并秘密地、带有重罪性质地运走。此时,它们不就被偷走了吗?还有什么样的行为比侵害他人财物(侵入他人土地)更像带有重罪性质的犯罪?

任何人，只要能够理解英语的表达，怎能怀疑这一点？如果一个人冒称拥有对该土地的权利，并据此以占有本人财物之名占取此土地之果实，该行为就是侵害他人财物，除非他能掩藏自己占取它们的行为。因为在这样一种情况下，他只会迫使以前拥有它们的人展示自己所受的冤屈，以证明自己的目的不是带有重罪性质的而是合法的；因为除了目的之外，没有任何东西能够将重罪与非重罪区别开来。我听说，如果一个人诽谤另一个人偷盗了一棵正在生长的树，对此是不能提起诉讼的。据此，说偷走一棵正在生长的树是不可能的；不可能的原因是，一个人的自由保有地产是不可能被偷盗的。这种说法显然是荒谬的。自由保有地产不仅指"保有物"①，也指"保有"②本身；尽管一项保有权确实不可能被偷走，但每个人都明白生长中的树木和玉米是可以被方便地偷走的。只要树木等物是自由保有地产的组成部分，那它们也就是个人的财物。不管自由保有地产是什么，只要它是遗产，被传给继承人，那么，托付给遗嘱执行人的，除了完全属于私人的财物之外就没有别的。尽管一只装契据的盒子或箱子也应被传给继承人，但除非你能向我出示相反之实在法，那么，它们就应当经由遗嘱执行人之手交给继承人。另外，一个人因为偷盗被风刮倒或自行腐烂、掉落地上、价值仅1先令的木头而被绞死，但拿走价值20或40先令的树木，却只用对其做出损害赔偿，这是多么地不合情理！

---

① 保有物（tenement），在普通法中，包括土地及其他可以自由保有的遗产和租地。
② 保有（tenure），在普通法中，指对地产、职位等不动产性质的客体或权利的持有。

法律家：这是有点严苛，但自历史记载所无法追溯的时代起即已如此。同样，鸡奸罪和强奸罪都属于重罪。

哲学家：我知道，他所谈到的这两种犯罪中的前一个是令人嫌恶的，多少是对人的天性的一种偏离；不过，这两者中都不存在任何狠毒的目的（*animus felleus*）。对于规定其为重罪的制成法，所有人都可以做出解读。但由于爱德华·库克爵士关于它们的释义是非常用功，也非常准确的，没有任何不清晰之处，因此，我们就略过不谈了；只是顺便提一下，他对无能的犯罪者留下了一个借口，即使他的计划是相同的，并尽自己最大能力实施之。

法律家：另外两种严重的重罪是强行闯入住宅与纵火焚烧他人住宅罪，而这两者也都无制成法之明文规定。爱德华·库克爵士对前者定义如下（《英格兰法律总论》第三卷，第63页）：根据普通法，夜盗罪是在夜间强行进入他人住宅，并带着杀死一些具有理性之人的意图或在室内犯下一些其他重罪之意图，而不管其意图是否得到实施。他给"夜间"所下定义则是，此时一个人已无法借日光看清另一人的脸。作为住宅的构成部分，与家务管理有关的一切房屋均属住宅，比如谷仓、马厩、乳牛棚、储藏室、厨房、会客厅等。不过，在白天强行闯入一间住宅，尽管也是重罪，并作为夜盗罪惩罚，却不在制成法范围内。

哲学家：对于他在这里的阐释，我们没有什么不同看法，但我不喜欢某个私人以为自己可以决定这一个或这一类法律事实是否在一部制成法的明文规定范围内。这样的问题只应由十二位陪审员在其陪审团裁断中宣布，由他们来宣布呈交给他们的事实究竟属于夜盗罪、抢劫罪、盗窃罪还是别的重罪。因为，由私人决定等于向陪审团给出了一个诱导性判断，而他们本来是不应当考虑私人法律家之法律著述的，只应考虑据以提出诉讼的制成法本身。

法律家：库克爵士对纵火罪定义如下（同上，第66页）：在普通法上，纵火罪是指某人蓄意地、有意地在夜间或白天焚烧他人房屋的重罪。在这里他推论说，如果一个人对该房屋点了火，而它没有烧起来，则此行为就不在该制成法范围内。

哲学家：如果一个人偷偷地、故意地在他人房屋下放置了一定数量的火药，足以将房屋炸毁，并点燃了火药引子，火药引子已经燃烧，但由于一些意外而未能发生爆炸，这难道不是纵火罪吗？如果不是，还能是什么犯罪？它既不是叛逆罪，也不是谋杀罪；既不是夜盗罪，也不是抢劫罪、盗窃罪；既不是（因为没有造成损害）侵害财物罪，也没有触犯任何制成法。但是，既然普通法是理性之律法，那[普通法就该规定]它就是一种罪，一个人可以被控以这种罪，并被证明有罪，因而可以是一种心怀恶意预谋之犯罪活动。那么，难道他不应因为该企图而受惩罚吗？我承认，不管是根据制成法、普通法或委任状，法官都没有被授权确定对其做何种惩罚，但国王确实有权按其想法在此世惩罚他；并在得到议会同意——如果必须经过这一程序的话——后，可规定这种犯罪活动未来应被处死。

法律家：我倒不晓得有这样的规定。除了这些犯罪之外，还有假借妖术聚众集会罪（conjuration）、玩弄巫术（witchcraft）、妖术罪（sorcery）和施魔罪（enchantment），根据制成法詹姆斯元年法第12条（1 James, cap. 12），这些都是死罪。

哲学家：不过，我不想谈论这些话题。因为尽管毫无疑问，这些犯罪中包含着一些重大罪恶，但我觉得自己过于迟钝，以至于弄不清这些犯罪的性质，也不清楚这些罪人拥有什么样的力量，竟然能够犯下人们指控巫师的那些罪行？我们还是讨论那些不判死罪的犯罪吧。

法律家：我们也略过宗教异端罪吗？爱德华·库克爵士可是将其列在谋杀罪之前的。不过，对它的考察可能要花较长时间的。

哲学家：我们将其推迟到下午吧。

六 论异端罪

法律家：关于宗教异端罪，爱德华·库克爵士说（《英格兰法律总论》第三卷，第39页），应考虑下列五点：1.谁是宗教异端的裁判者？2.什么可被裁定为异端？3.根据什么可以裁定一人为异端？4.什么样的法律可让他保住其性命？5.根据判决可罚没他的什么财产？

哲学家：需要考察的首要问题是异端罪本身是什么，他将"它是什么"的问题忽略了；它是由什么样的事实或话语构成的；它违反了什么法律，是制成法还是理性之律法。为什么他会犯下异端罪，其理由也许正在这里；确定这种犯罪应根据其表白，也应考虑其别的知识。谋杀、抢劫、盗窃等，每个人都知道是恶的，根据制成法，它们也都是犯罪。因而，只要人们愿意，就可以不做那些事。但人们如果事先不知道异端罪是什么，怎么能够防止它呢（假如他只是大胆地阐述他的信念）？

法律家：制成法亨利四世2年法第15条（2 Hen. Ⅳ. cap. 15）序言中是这样规定异端罪的：它指传播或记录有悖于教会之决定的各种学说。

哲学家：因而，当时的异端罪就是指在布道或记录中诋毁圣人、不承认罗马教会之无谬性或反对该教会所做出的其他决定。当时，教会被理解为罗马教会，而现在，就我们而言，教会则指英格兰国教教会，而该制成法中所说的各种观点，现在及当时都是基督教的信仰。亨利四世所颁布的该制成法也宣布，根据同一序言，英格兰教会永远不以异端罪治人。

法律家：但该制成法被废止了。

哲学家：因而，关于异端罪之罪名或定义也被废止了。

法律家：那你说说，何为异端罪？

哲学家：在我看来，"异端"就是一个或一群人的学说或看法相当独特，有悖于另一人或一群人的学说；这个词所指的就是一个派别的学说，由于该学说的创立者具有出众的智慧而使其获得信任。如果你要弄清其中真相，你就得研读古希腊的历史和其他著述，研究其中的话。这些著作保存至今，很容易被找到。在那里你会看到，在亚历山大大帝及那之前的一段时期，在希腊生活着很多杰出的智者（wits），他们用自己的时间在各种各样值得探究的学科中寻找真理；而其著作之发表给他们带来了巨大的荣誉和广泛的喝彩；有些人研究正义、法律和政府，有些人研究善行与恶行，有些人研究自然事物的原因，还有些人的研究则包罗万象。这些人中最重要的有毕达哥拉斯、柏拉图、芝诺、伊壁鸠鲁和亚里士多德,他们都是好学深思之士。他们也不靠哲学换取面包,而有能力维持生计,并得到君王或别的大人物的资助。然而,这些人尽管智慧超群,但其学说在很多方面却看法各异;由此也就导致学习研究其著作的人,有些倾心于毕达哥拉斯,有些喜欢柏拉图,有些忠于亚里士多德,有些偏爱芝诺,还有些爱好伊壁鸠鲁。而哲学本身既然流派众多,每个富人都让其孩子接受这一个或那一个哲学家的学说,因为其智慧得到大家的公认。于是,那些追随毕达哥拉斯的人就被叫作"毕达哥拉斯学派",追随柏拉图的人被称为"学园派"(*Academics*),追随芝诺的人被称为"斯多葛学派",追随伊壁鸠鲁的人被称为"伊壁鸠鲁学派",追随亚里士多德的人被称为"逍遥学派"(*Peripatetics*)。这些就是希腊的"异端们",其意思无非是说,接受了某一特定看法。上述毕达哥拉斯学派、学园派、斯多葛学派、逍遥学派等就是根据这么多异端人物的名字来命名的。你知道所有人都会犯错误,而错误又是各不相同的;因而,这些聪明而勤奋的追求真理者,尽管确实是卓越之人,也在很多问题上意见不一,也就毫不奇怪了。富豪们不计代价地让其孩子们学习哲学,这是一种值得赞美的习俗,但这种习俗也让很多游手好闲、缺乏生活保障的人看到了一种维持生活的轻松、惬意之法,那就是教授哲学,有些教授柏拉图,有些教授亚里士多德,等等。为此,他们也粗枝大叶地阅读大师们的书,却没有能力或者没有精力深入考察其学说的理据,只是生吞活剥其结论,那是现成的。在掌握了这些之后,他们马上宣布自己是哲学家,并充当学校老师,教导希腊青年。由于要为获得这样的工作职位进行竞争,他们彼此憎恨,并用其所能找到的最恶毒的词语相互辱骂；只要他们碰到一起，就总是先互相争论，然后就是互相斗殴，给整个团体带来很大麻烦，也使自己蒙受耻辱。不过，在他们所使用的骂人话中，却从来不包括"异端"，因为他们都同样是异端，他们的学说不是他们的，正是前面所说的学者让他们得到信赖。因而尽管我们看到，卢西安（Lucian）及其他异教学者经常提到"异端"，但我们在其中却看不到对异端的憎厌。哲学家中间的这种混乱在希腊持续了很长时间，也传染了罗马，在"使徒时代"和原始基督教会中也极为盛行，一直到尼西亚公会议（Nicene Council）及其后才有所改观。但最终，斯多葛学派和伊壁鸠鲁学派的权威不再受到那么热情的追捧，只有柏拉图和亚里士多德的哲学声誉日隆；柏拉图哲学的命运更好，其学说以事物的概念和理念为基础，亚里士多德哲学则吸引了另一些人，他们根据事物的名称、按照范畴的等级进行推理。不管怎样，尽管已不再产生新的哲学学派，但仍然不断出现新的看法。

法律家：但"异端"这个词是怎样成为骂人话的？

哲学家：别着急。在我们的救世主死后，如你所知，他的使徒和他的门徒分散到世界各地传播其福音，使很多人改变了信仰，尤其是在小亚细亚、希腊、意大利；在那些地方，他们建立了很多教会。他们从一地走到另一地，留下主教们教导和指导皈依者，在主教之下又指定长老（presbyters）协助他们，通过显现我主的生命和奇迹来确认其地位，而皈依者已经通过使徒和福音传道者的著作知晓了我主的生命和奇迹。应当教导他们遵行这些,而不是服从柏拉图或亚里士多德或别的哲学家的权威。现在你会怀疑,在使徒时代皈依的这么多异教者中,有各个行业、具有各种性情的人,有些人从来没有思考过哲学,只是决心追求财富和快乐;有些人具有较高理性,有些人则较低;有些人曾经研究过哲学,却并不公开承认,这些人通常是地位较高的人;有些人则仅为了更好地节欲而公开表白这一点,却并不准备谈论它、争论它。有些人是最为严肃的基督徒,另一些人则是假冒者,只是想利用诚挚的基督徒的善心,在那个时代,这种善心是很强烈的。现在你来告诉我,在这些基督徒中,究竟谁最有可能通过传道和写作、公开或私下的争论成为传播这种信念的最佳人选;也就是说,谁最适合于成为长老和主教。

法律家:当然是那些在其他方面相同而(*cæteris paribus*)能够最好地利用亚里士多德的修辞术和逻辑学的人。

哲学家:谁最有利于创新?

法律家:那些坚信亚里士多德和柏拉图(他们从前的老师)自然哲学的人,因为,他们最有能力让使徒的著作和全部经文变成他们赖以获得声誉的种种学说。

哲学家:正是主教和牧师及其他极端忠于教派的人士在基督徒中间将"异端"第一次变成了一个贬义词。因为,一旦他们中某个人传播或公开发表任何让大多数人或其余人的领导人物中的多数不悦的学说,就会引起一场争吵,而只有他们所在省份的主教参加的宗教公会议可对其做出裁决,在这些公会议上,如果那人不服从大家做出的裁决,就被称为"异端者"(heretic),因为他不愿放弃其宗派的哲学。公会议其他人称呼自己为"基督教正统教会教徒"(Catholics),称呼其教会为"正统教会"(Catholic Church)。从此以后,"正统教会"与"异端"就成了反义词。

法律家:我现在明白"异端"一词是如何成为贬义词的,但不明白,怎样由此得出结论,遭到一个正统或自称正统的教会之谴责的看法,就一定是一种谬误或一种罪。英格兰教会否认这样的结论,也不承认,除了《圣经》,他们所信奉的学说是不可能被证明为错误的,《圣经》当然是不可能出错的,但教会,因为是人组成的,则可能出错或产生过失。

哲学家:在这里,我们必须考虑到,错误,就其性质而言不是罪。因为,一个人不可能有意犯错;他不可能具有犯错的意图;而除非具有邪恶意图,否则就不能成罪;而这类错误,如果既没有损害政治共同体,又没有损害任何私人,也不违反任何实在法或自然法,那就更不是罪了;而在教皇和罗马教会的政府进行统治的时代被烧死的那些人,所犯的不过就是这样的错误而已。

法律家:你已经告诉我异端之名的由来,也告诉我它是如何成为一种犯罪的。那么，异端罪最早成为犯罪是因为什么？

哲学家：由于基督教会能够宣布——除它之外别人都不能宣布——什么样的学说是异端，但在它拥有基督教国王之前，并没有权力制定制成法对异端者进行惩罚；这证明了，在第一位基督教皇帝即康斯坦丁大帝之前，持有异端见解并不是一种犯罪。他在位时，一位名叫阿里乌斯（Arius）的人，他是亚历山大里亚的一位神职人员，他在与主教进行辩论中公开否认基督的神性，后来在讲道坛上也坚持这种看法。这诱发了该城的暴乱，市民和士兵均流了血。为了防止以后再发生类似事件，这位皇帝召集主教们到尼西亚城举行一次全体会议，在其开会期间，皇帝劝诫他们以承认基督教信仰为基础达成一致，并承诺，不管他们达成什么样的一致，他都会遵守。

法律家：在我看来，皇帝在这里似乎也过于无所作为了。

哲学家：在这次公会议上确定了很多信条，我们现在仍在信奉，它们被称为"尼西亚信纲"（the Nicene creed），会议也创造出了一些词句，如"我相信圣灵"。其余信条则由后来召开的另外三次公会议确定。根据公会议的结论，当时所存在的几乎所有异端，尤其是阿里乌斯的学说，受到谴责；于是，公开出版或讲授一切与头四次公会议所承认并包含在尼西亚信纲中之学说相冲突的学说的行为，根据罗马帝国禁止它们的法律，都属于犯罪；阿里乌斯的行为就是犯罪，因为他否认基督的神性；犹迪克教派（Eutiches）也是，它否认基督的两重属性；聂斯脱里亚教派（the Nestorians）也是，他们否认圣灵的神性；神人同形论者（the Anthropomorphites）、摩尼教派（the Manichees）、再洗礼派（the Anabaptists）等很多教派也都如此。

法律家：阿里乌斯遭到了什么惩罚？

哲学家：最初，由于他拒绝接受［正统教条］而被免去圣职，并被流放，但后来他表示未来将会顺服，而让皇帝相当满意（皇帝之所以要让他承认这一点，并非为了捍卫学说的正确性，而是为了维持和平，尤其是在基督教士兵中间，正是靠着士兵们的勇敢，皇帝才得到了帝国，也必须靠这一点，他才能维护这个帝国），他又被恢复了圣职，但在他重掌自己的圣职之前，他去世了。而在那几次公会议之前，帝国法律对异端罪的惩罚提高为死刑，尽管处死方式由不同地方的长官（the prefects）自己决定。这种情况一直持续到巴巴罗萨的腓特烈帝（Frederick Barbarossa）之后。但此时，教皇已取得对皇帝的支配地位，他们用火刑来对付异端和叛教者（apostates）；历代教皇又在尼西亚信纲所决定的学说之外将多种别的学说列为异端（因为他们看到，这样做有助于建立他们凌驾于国王之上的显要地位），并处以火刑；根据这一教皇法令，有一位叛教者曾被烧死在牛津，时为征服者威廉在位时代，那个人皈依了犹太教。但亨利四世2年的制成法颁布之前，没人曾提到英格兰制定过烧死异端的法律，而根据那一法令，威克利夫的一些追随者即罗拉德派①后来被处以火刑；英格兰教会所采纳的学说远自伊丽莎白女王元年起就被批准为神圣的学说，毫无疑问，那个时候它就已经是神圣的了。因此你会看到，有许多人因为虔诚的信仰（godliness）而被烧死。

法律家：这种做法确实不好。但我们在亨利四世时代之前的文献中没有看到异端教派的说法，这并不奇怪，因为，那部制成法的序言就已表明，在罗拉德派之前，英格兰不存在异端罪。

哲学家：我也是这样认为的。因为，相比于统治整个世界的教皇来，我们是最为驯顺的民族。但自那以后，已经制定了哪些关于异端罪的制成法？

法律家：制成法亨利五世2年法第7条（2 Hen. V. cap. 7），在火刑之外又增加了没收土地和财物，中间没有制定过相关法律，然后就是制成法亨利八世25年法第14条（25 Hen. Ⅷ. cap. 14），它确认了前两部法律，并规定了审理这类案件的一些新规则。而根据制成法爱德华六世元年法第12条（1 Edw. Ⅵ. cap. 12），此前议会颁布的惩罚有关宗教学说的所有法案均被废止。因为该法规定，涉及宗教之学说和事项的议会一切法案及所有相关的部分、章节、语句、事项，在这些议会法案或制成法中所包含、提及或以各种方式宣布之刑罚、罚没，自此之后均予废止，绝对不得继

---

① 罗拉德派（Lollards）是14世纪英格兰威克利夫（Wicliff）派中的激进分子，他们主张过清贫生活，反对教会占有土地和财产，要求废除什一税。亨利五世时规定对罗拉德派成员可以罗拉德信徒罪（lollady）予以起诉。

续运用,没有任何效力。因而在爱德华六世时代,不仅针对异端罪的全部刑罚被取消,"异端"的性质也又变回其最初性质,即仅仅是私人意见而已。但在菲利普与玛丽2年,以前的那些制成法,亨利四世2年法第15条(2 Hen. Ⅳ. cap. 15),亨利五世2年法第17条(2 Hen.V. cap. 17),亨利八世25年法第14条又被恢复,爱德华六世元年法第12条中涉及宗教学说的部分,尽管并没有具体命名,但该制成法似乎确认了关于叛逆罪的爱德华三世25年的制成法。最后,到伊丽莎白女王元年所通过之第1条,取消了前面曾提到的玛丽女王时所制定的制成法,于是,爱德华六世元年法第12条又恢复其效力。因此,再没有任何制成法规定针对异端罪之刑罚。但伊丽莎白女王根据议会的建议,授予某些人以委任状,他们被称为"宗教事务高等专员"[①],其中很多人是主教,他们有权在未来宣布什么为异端。但有一个限定,除了头四次教会公会议所宣布的异端之外,不能自行宣布别的东西为异端。

哲学家:根据你向我做出的这些论述,我想我们可以着手考察博学的爱德华·库克爵士关于异端罪的观点了。在《英格兰法律总论》第三卷第40页关于异端罪的那一章他本人也承认,詹姆斯国王九年,巴塞罗缪·莱加特(Bartholomew Legat)因为信奉阿

---

① 宗教事务高等专员(the High Commission),王室设立于16世纪,用以执行有关宗教改革协定的法律,并对教会实行法律监督。约在1580年前后转化为一家教会法院,其司法程序完全依据英格兰教会法而非普通法,且与王权有密切关系,与星室法院一起成为镇压清教徒的工具。爱德华·库克爵士所领导的普通法法院曾强烈抵制其司法管辖权,最终它于1641年被撤销,1689年《权利法案》斥之为"非法"和"有害"。

里乌斯教义（Arianism）而被处以火刑时，已不存在针对异端罪而仍然有效的制成法了；而根据亨利四世2年法第15条及页边所引其他法案的权威可以得出结论，该教区主教（the diocesan）①拥有异端罪之司法管辖权。在我看来，这是不正确的。因为，根据议会法案看得出来，由这些法案已被废止的历史事实，也即由这些东西已不复存在这个事实，推论不出任何东西来。至于页边所引其他权威，即费茨赫伯特和《博士与研究者》，他们所说的不过是他们写作时的法律，也即教皇所僭占之权威在英格兰尚被承认之时的法律。假如他们是在爱德华六世或伊丽莎白女王时代写作，则爱德华·库克爵士恐怕会在引用其权威之外更引用自己的权威；因为他们的看法并不比他自己的看法更具有法律效力。因而他引用了莱加特的这一先例，又引用了伊丽莎白女王时代哈蒙德（Hammond）的先例；但这两个先例只能证明以前做了什么，而不能证明怎样做才是正确的。如果根据当时仍然有效的制成法爱德华六世元年法第12条，根本就不存在异端罪，它禁止对意见之一切刑罚。那么，那个时候的教区主教对于异端罪还能有什么样的司法管辖权呢？因为异端就是一种违反教会所定学说的一种学说，而那时教会根本没有针对异端做出任何决定。

法律家：但既然宗教事务高等专员有权惩戒和矫正异端学说，他们也肯定有权传唤被控以异端罪的人到其面前，否则他们就无法履行其职责。

---

① 主教在其管区内设立教区法院，对所有权限内的事务行使普遍管辖权。

六 论异端罪

哲学家：如果他们首先制定并公布了一份告示，其条文规定了何为异端，那么，当一个人听另一个人谈论与该告示相反的话时，他就可以将此情形报告宗教事务高等专员，高等专员们确实有权传唤并监禁遭到指控的人。但一个人在知道何为异端罪之前，怎么可能指控另一个人是异端？而一个人在被指控之前，他又怎么能被传唤？

法律家：也许下面一点是理所当然的：不管什么样的学说，只要违背前四次公会议确定的信条，就应被裁决为异端？

哲学家：人们都承认是这样的，但我看不出来，一个人由于这些公会议而指控另一个人有什么道理。因为，读过这些公会议文件的人万中无一，这些文件也从未以英文发布过，以使人们可以避免冒犯它们；也许它们现在已不存于世了。即使我们将其以拉丁文公布，它们也只是公会议做出的决定，对它们，教会学者中间也存在很多争论，我觉得它们不适合以通俗语言表述出来。而且，那些制成法的制定者似乎也不大可能打算将违背那四大公会议的一切人都定为异端分子。假如他们有此意图，那我相信，再洗礼派教徒就是异端，而在当时，他们人数很多，曾不断地质疑尼西亚信纲的这一条款①；我相信浸礼宗（baptism）也是异端，因其欲洗净罪。它在颁布之后很长时间里也没有实施，因而在这

---

① 相信，婴儿受洗无效，成年时应再受洗，并主张不抵抗主义及政教分离等，此处所谓这一条款疑指尼西亚信纲中关于洗礼的条款。

样不确定的情势下，人们不可能基于自己的安全而留意并克制不去谈论宗教问题。那么，根据什么样的法律，这位异端的莱加特被处以火刑？我承认他是一位阿里乌斯派教徒，他的异端学说也违背英格兰教会的决定，而这决定乃是基督教教义之最高决定者做出的。但既然没有任何制成法规定可以烧死他，也没有禁止的刑罚，那么究竟是根据哪些法律、根据何种权威处他以火刑？

法律家：这位莱加特被控为异端，高等宗教事务专员在这一点上没有错；但其错误在于，在控告他时没有对他进行详细审理，或者虽然审理了，也发现他是位阿里乌斯派教徒，却未做出这样的判决，或者未向他证实这一点。这些他们都需要做，其全部职责就在于此；他们不应当多管闲事处他以火刑，而应将他交给世俗权力机关来处置。

哲学家：你所提到的宗教事务高等专员的管辖权实与这个问题无关。问题在于，是依据哪部法律处他以火刑的？教会法不能做出世俗法的刑罚；爱德华·库克爵士承认，他不应被处以火刑；火刑是制成法所禁止的，那么，他被处以火刑是依据何种法律？

法律家：根据普通法。

哲学家：这个普通法是什么东西？它不是习惯法。因为在亨利四世之前，英格兰并没有这样的习惯；因为，即使有过这样的习惯法，而据此习惯法所制定的法律不过是确认了这一习惯法，因而撤销这些法律，也就是废止了这些习惯法。因为，当爱德华六世和伊丽莎白女王撤销那些制成法时，也就废除了相关之一切刑罚，因而也就废除了火刑，除非他们不曾废除过任何东西。假如你说，他是根据理性的律法而被处以火刑，那你就得告诉我，在学说与火刑之间存在怎样的关系；它们之间的关系不可能是相等、多数或少数。它们之间的关系乃是这种学说所犯下的不当行为，与对早期基督教神学家（the doctor）所做下的不当行为之间的关系；而这只能由负有治理人民之责的人来衡量。因此，对于这种犯罪行为的刑罚只能由国王而不能由别人来决定，假如涉及人的生命或肢体，则应获得议会的同意。

法律家： 他并不是从理性中推导出该刑罚之理据的，而只是从莱加特一案的判决以及霍林斯赫德①和斯托②所记录的一个故事中做出上述断言的。但我知道，不管是历史记载还是先例，你都不会将其作为判定是否属于法律的依据。尽管在诉讼登记册（register）上有一项令状处异端以火刑（*de hœretico comburendo*），你可以在费茨赫伯特的《新令状汇编》中看到，依据的是制成法亨利四世2年法第15条和亨利五世2年法第7条；不过，既然这些制成法已失去效力，你会说这个令状也已失去效力。

---

① 拉斐尔·霍林斯赫德（Raphael Holinshed），大约死于1580年，英格兰编年史家，著有《英格兰、苏格兰与爱尔兰编年史》（*Chronicles of England, Scotland and Ireland*，1577年），通称《霍林斯赫德编年史》（*Holinshed's Chronicles*）。
② 约翰·斯托（John Stow，1524/1525—1605），英格兰编年史家和古物收藏家，著有《英格兰编年史简编》（*The Summarie of Englyshe Chronicles*）、《英格兰编年史》（*The Chronicles of England*）等。

哲学家：是的，我确实要这样说。除此之外，我不明白，他下面的说法怎么会是正确的：教区主教对异端罪有司法管辖权，这种管辖权在伊丽莎白王朝一直在行使。事实是，根据该制成法，可以清楚看到，关于教会的全部管辖权都由女王授予宗教事务高等专员们。那么，一位教区主教，如未获得国王任命，怎能参与此类事务？这样的任命并不是其主教委任状所能授予的。他们参与这类事务也是不合理的；因为，这一职位不仅仅授予主教，也授予了若干俗人，他们必须仔细辨析提交到他们面前的诉讼，否则他们就会侵入世俗权力的范围。而到今天没有任何制成法或法律要惩罚某种学说，教会只拥有一般的宗教权力，而根据国王唯一认可之英格兰教会的教会法，宗教事务高等法庭也早被废除了。因而，我们现在对这样的刑事案件不再处以死刑。

七 论侵犯王权罪[①]

法律家：不处死刑的最严重的违法行为是违反《空缺圣职继任者法》(Statute of Provisors)[②]的行为。

哲学家：你似有必要对此做一详尽阐述。

法律家：对这种犯罪的惩罚与一个人"被逐出法外"[③]的刑罚不无相似之处，此时他将不能享受法律的好处，自己也不再服从

[①] "premunire"一般指所有侵犯王权的行为，但特别指因尊崇教皇而侵犯国王管辖权之行为，如侵犯国王任命神职人员的世俗权利、教会法官妨碍王室法院的活动、拒绝正式确认和祝圣国王提名的主教等。这方面的制成法包括1352年的《空缺圣职继任者法》及1392年的《侵犯王权罪法》(Statute of Praemunire)。两法均规定被告不受国王保护，土地和财产被终身剥夺。

[②] "provisors"指罗马教皇要求某特定圣职空缺后预先委任给继任者，并由其即付金钱作为回报。英格兰国王于不同时期通过的《空缺圣职继任者法》，旨在抵制教皇的圣职预先委任。

[③] 被逐出法外 (outlaw)，即依判决被置于法律保护之外，法律不再对其提供任何保护。下文之"outlawry"，乃是古代一种刑罚，源于撒克逊时代，彼时"被逐出法外者"被人称为"狼头"，即任何人可像杀狼一样杀死他。在普通法中，那些蔑视王室法庭、拒不到庭或逃避司法的人，可被处以"逐出法外"。被逐出法外者还被剥夺民事资格，其所拥有的全部财产充公，不得拥有财产，也不得转让财产，且不拥有诉权。此刑罚后来逐渐被限制以至废除。

法律,只是,"逐出法外"刑的服刑时间很长,被逐出法外者将不再处于法律之保护下。但对于违反《空缺圣职继任者法》(它被称为"保护王权令"①,源自"起始令状"②中的用词)的违法行为,若违法者在被提醒两个月内不自行投案,他就成为被逐出法外者。这一刑罚,尽管不是死刑,却等于死刑。因为,他只能偷偷生活,他的生命可任由那些知道其行踪的人处置,只要被人发现,就无法毫无危险地活下去。在伊丽莎白王朝之前,人们曾广泛争论过他是否可以被一个人随心所欲地合法杀死,就像杀死一匹狼一样。它类似于古代罗马的一种刑罚,违法者被禁止使用火和水;也类似于教廷的大绝罚③,任何人不得与受此刑罚者共同吃喝,否则将遭同等惩罚。

哲学家:当然,此种刑罚所针对的违法行为都是一些令人憎恶的犯罪,或者是异乎寻常的损害行为。

法律家:是这样的。因为,你知道,自[诺曼]征服以来,教

---

① 保护王权令(*præmunire facias*),即为保护王室管辖权而签发的令状,要求郡长传讯被告出庭解释其藐视王权的行为,并对其施以刑罚。该令状以"*præmunire facias*"开头,意为"责令某某知晓"到我们面前对其被指控之行为做出答辩,若该人拒绝,则将丧失一切公民权利。
② 起始令状(the original writ),即用以启动一项普通法诉讼的令状,通常由文秘署以国王命令的形式、加盖国玺,授予法官审理令状中所包含的事由的权力。1873年被废除。
③ 大绝罚(great excommunication),教会法上的一种刑罚,指将违法教徒逐出教会。大绝罚针对严重违反教会法者,被惩罚者不能与任何基督徒来往,甚至可被逮捕入狱。

皇天天都在蚕食世俗权力。在每一个政治共同体中，不管什么样的事情，只要看起来关涉心灵问题（*in ordine ad spiritualia*），教皇就会主张并竭力使之归于其管辖之下。为此目的，在每个国家，他都建立了属于自己的教会法庭，几乎没有什么世俗案件他不能受理，通过这样或那样的手腕，将其纳入到自己的司法管辖范围内，就这样，把世俗案件提交到他自己设在罗马、法国或英格兰本地的法庭。这样一来，国王的法律就不受尊重，国王的法庭做出的判决被人置之不理，又被提交给主教、修道院院长及其他有俸圣职人员，这些都是由英格兰的国王和贵族所养活和资助的，却被教皇利用来对付教皇眼里的外国人，或者让这些人自己挣钱，好跑到罗马去谋取这些有俸圣职。如果涉及什一税问题，或者一项遗嘱尽管只涉及纯粹世俗事务，教皇的法庭仍将其纳入自己的管辖范围，或者一方当事人诉诸罗马，此时王室法院就被置之不理。为了抵制罗马教会带来的这些损害，为了维护英格兰国王的权利和尊严，爱德华三世制定了一部关于空缺圣职预先委任继任者的制成法，所针对的就是那些自己从罗马谋到英格兰境内之有俸圣职的人。在该朝25年，他在一届全体议会中规定，遴选主教的权利、圣职推荐权和一般圣职推荐权①均属于他本人，属于那些供养这些主教、修道院院长等圣职的贵族。他后来又规定，如果他或他的臣民所推荐的任何圣职人员被空缺圣职预先继任者所阻挠，该预先继任者或阻挠者可由他的同侪（body）予以扣押，

---

① 圣职推荐权和一般圣职推荐权（advowsons and presentations），前者指向罗马教会推荐圣职候选人，后者专指向主教推荐圣职候选人。

如被判有罪，则将被监禁至那些受到冤屈的当事人感到满意、他放弃他的头衔并立据保证不再重犯此罪时，根据国王的意愿他可被赎回；假如无法找到他们，则可发出催促被告出庭令状[①]，以至于将其逐出法外，圣职收益则被充归国王。该制成法于爱德华三世 27 年获得确认，该法允许空缺圣职预先继任者有两个月时间赶到法庭。假如他们在被宣告逐出法外之前到庭，他们将被允许做出答辩；但如果他们自己不能到庭，他们除了被逐出法外之余，其全部土地、财物和牲畜也都会被没收。该法由制成法理查二世 16 年法第 5 条（16 Rich. II. cap. 5）再次予以确认，并加入一项规定。由于这些空缺圣职预先继任者有时是从教皇那里获得委任的，而国王根据该法依其圣职提名权而获得任命并正式就任的英格兰主教将会被逐出教会，因而，这些圣职预先继任者、一切凡认可及发布教皇此类令状（papal process）者和获得者（procurers），均将受到同样惩罚。

哲学家：让我自己来看看爱德华三世 27 年的制成法吧。

法律家：它就在你眼前，爱德华·库克爵士逐字逐句地以英文和法文抄录了它。

哲学家：很好。我们下面考察一下它是什么意思，爱德

[①] 催促被告出庭令状（exigents），在宣告剥夺受法律保护之权的司法程序中不能找到被告时发出的令状，要求行政司法长官连续在五个郡的法院传唤被告出庭，若被告仍不能到庭，则直接"被逐出法外"。

华·库克爵士对其阐释究竟是否得当。先来看看序言，爱德华·库克爵士承认，序言是制成法最好的阐释者。该序言说明，本制成法之制定是为了抵制罗马教会对国王及其他圣职推荐人在英格兰境内授予主教及其他有俸圣职之权利的侵犯，为了抵制教会法庭受理那些本应在国王诸法院裁决之纠纷的权力或撤销已由国王法院做出之裁决的权力，这些权力有可能导致国王继承人被剥夺，及本王国一向使用之普通法被破坏。假设有这样一件案子，一个人请求教皇撤销国王御前会议发布的一道政令，他不就有实施侵犯王权罪之危险吗？

法律家：当然是的。假如海军事务大臣法院或任何别的国王法院——不论是普通法的还是衡平法的法院——做出的裁决被撤销，同样如此。因为，衡平法院是名副其实的英格兰普通法法院，爱德华·库克曾说过，衡平法和普通法完全是一回事。

哲学家：因此在本法序言中，"普通法"这个词并不仅限于那些由陪审团进行审理的法院，而包括国王的所有世俗法院，甚至也包括审判对象为大采邑之领主的那些法院。

法律家：很可能是这样的，但我认为，并不是所有人都会承认这一点。

哲学家：本制成法也说，将理应属于国王法院之司法管辖权内的诉讼带至本王国之外审理，或者将国王法院已做出裁决之案件上诉至本王国之外,也属于侵犯王权罪。但是,假如一个人将另一个人诉至坎特伯雷大主教官署,而威斯敏斯特① 已做出了裁决,又当如何呢?他这样做是否涉嫌侵犯王权罪?

法律家:是的。因为,尽管这并未越出王国国界,但它确实是该制成法的意思;且此时,设于坎特伯雷大主教官署的,可能是教皇的法院而非国王的法院。

哲学家:但在爱德华·库克爵士时代,坎特伯雷大主教官署所设立的是国王的法院而非教皇的法院。

法律家:你应当很清楚地知道,教会法院无权受理普通法上的诉讼。

哲学家:我当然知道;但我不知道,一个没有经验的人搞错了[自己应当提起诉讼的]正确的法院,为什么就该不受国王的保护,丧失其遗产和所有财物,包括私人的和不动产,而假如被

---

① 王室法院之所在地,王家民事诉讼法庭和王座法庭这两家最重要的普通法法庭在此办公。在英格兰,教会法院与普通法法院的司法管辖权之争相当漫长而复杂,大多数情况下,国王支持王室法庭。但在国王成为英格兰教会最高首领后,尤其是在爱德华·库克爵士时代,国王却倾向于支持教会法院,以对抗试图限制王权的普通法法院。哲学家与法律家下面的争论就与此有关。哲学家主张,在国王成为教会最高首脑之后,教会法院就是国王的法院,而普通法法律家却不这样认为。根本原因仍然在于,在国王为教会最高首脑后,教会法院之权源自王权,然而普通法法律家坚持认为,普通法的权威不是来自王权,而是来自法律家群体的司法理性。

抓获，就该被监禁终身？该制成法不可能有爱德华·库克爵士所曲解的那种意思。这样的人不过是不知道应该到哪家法院寻求救济，而源远流长的惯习已经承认，这些无知的人应接受其法律顾问的指导。因此很显然，该制成法的制定者并没有企图禁止人们为了其权利而在教会法院、大法官法院、海事法院及其他司法管辖权源于罗马教会的法院提起诉讼。而且，该制成法在那里说，"在其他法院提起诉讼或推翻国王法院做出的裁决"："其他法院"是指什么？相对于什么而言的"其他"法院？这里是指王座法庭或王家民事诉讼法庭吗？本来可以在王家民事诉讼法庭获得救济的人，如果诉至大法官法院，就涉嫌侵犯王权罪吗？或者根据该法，冒犯御前大臣就是侵犯王权吗？该制成法只是对提起诉讼的当事人说的，而不是针对受理诉讼的法官说的。不管是该制成法还是理查二世16年的制成法，也都不可能是对法官说的，那时，他们只能由教皇的权威予以惩罚。因此，既然提起诉讼的当事人可以其律师的法律建议作为正当借口，则世俗法官和律师就都不在该制成法规定范围内，侵犯王权罪的刑罚也就不能加之于他们头上。

法律家：但爱德华·库克爵士在同一章用两个先例来证明，尽管英格兰教会法院现在也是国王的法院，但任何人，若将本应根据普通法审理的案件诉至教会法院，也应属于侵犯王权罪。一个先例是，亨利八世22年，英格兰全体神职人员在一次教士会议上通过公开文契承认，国王是英格兰教会的最高首领，而该制成法之生效是在此之后，也即亨利八世24年。

哲学家：[国王]为什么不[是最高首领]呢？[但]神职人员的全体会议不可能改变地位最高者的权利，他们的法院依然是教皇的法院。在发生于亨利八世25年的另一先例中，诺威奇主教也可以做出同样的答辩。因为一直到亨利八世26年，国王才被议会法案宣布为教会首领。假如爱德华·库克爵士不是对自己的法律不那么确信，他就不会引用这两个如此无力的先例。至于对诺威奇主教做出侵犯王权罪的刑罚，则既不是根据该制成法，也不是根据理查二世的那部制成法。他之所以被判此刑是因为他威胁要将一个向市长提起诉讼的人逐出教会。但该制成法并不禁止这样做，而只是禁止引证和发布"逐出教会令"或来自罗马或别的地方的令状。但在亨利八世26年以前，毫无疑问，将一件世俗诉讼提交教会法院属于侵犯王权罪。但自那以后，假如某些法官或其他人还做出同样裁决，其裁决则是错误的。

法律家：否。根据制成法理查二世16年法第5条，看起来似乎恰恰相反，爱德华·库克爵士在此将会证明这一点。他说，理查二世的那部制成法的效果是，任何人若将涉及国王的案件在罗马或别的地方的法院起诉或唆使起诉，而不利于其王位、其君权或其疆土，他们、他们的文书起草人（notaries）等都将不受国王的保护。

哲学家：你能否让我了解一下该制成法的表述。

法律家：这就告诉你，条文是这样规定的：任何人，若在罗马或别的地方的法院，争取或诉求或者唆使争取或诉求涉及国王的逐出教会令、教皇诏书、文契或任何别的东西之译本、令状和判决书，从而不利于国王、他的王位、他的君权或他的疆土云云。

哲学家：如果一个人将一件普通法上的诉讼提交现在同样是国王之法院的教会法院，且该教会法院的法官受理了该案件，那么，从你现在看到的这些条文规定中，你如何能得出上面的解释？为了我的权利，我在国王的法院提起诉讼，我并不是想争取罗马或别的地方的法院所做出的主教职位之判决的译本，也不是想在那里提起诉讼，而只是在国王的法院提起诉讼；我的诉讼也不会不利于国王，不是针对他的王位、他的君权或他的疆土的，而是恰恰相反。那么，它怎么会是侵犯王权罪？不。一个人在别的什么地方拿来或着手制作一件文书，其中规定，如果一位臣民受到错误的惩罚，国王就该放弃他的司法管辖权，那他对国王的判断之服从就没有任何效力了。在我看来，《空缺圣职预先继任者法》的规定旨在使国王在议会休会期间为保护本王国而无须根据别的什么征集金钱，而非针对一件世俗的纠纷却在教会法院提起诉讼这样的事情。该制成法对爱德华·库克爵士并不有利，他的这一法律规则也偏离理性的律法，那他是拿什么论证其说法的？

法律家：他说，它们之所以被称为"其他法院"，要么是因为它们是依照别的法律的规则，比如根据罗马民法，要么是因为它们采取与普通法所要求者不同的审理方式。因为，英格兰法律所要求的对事实问题的审理方式是由十二个人在普通法法官面前就属于普通法的事实做出陪审团裁断（verdict），而不是像衡平法院那样根据对证人的审问（examination of witnesses）。因此，其他法院（alia curia），要么就是由其他法律（aliam legem）所管治之法院，要么就是要求当事人接受其他审问（aliud examen）。因为，假如——

哲学家：打住。我们来考察一下你读过的这句话：英格兰法律所要求之审判方式是依据十二个人做出之陪审团裁断。你在这里所说的"英格兰法律"是指什么？衡平法院和海事法院并不要求这样的审判方式吧？

法律家：他所说的"英格兰法律"是指在王座法庭所适用之法律，也即普通法。

哲学家：他就是这样说的，两个法院都规定了它们自己的审理方式，但其他法院则没有，而是由国王规定的；只有普通法法院是自己对自己那样要求的。你看到了，对"其他法院"的这种解释是很不准确的。在普通法法院中，所有的审判是由十二个人所为，他们是事实问题上的裁决者；在事实被弄清及证明后，法官就会宣布法律；但在教会法院、海事法院及所有衡平法院中，只有一位裁决者，法官同时裁决事实和法律；这就是［两类法院的］全部差异之所在。假如在那部制成法中，"其他法院"所指就是这一差异，那么在不属于国王法院的某家法院提起诉讼，就是侵犯王权。王座法庭和王家民事诉讼法庭也是不同类型的法院，

七 论侵犯王权罪

因为其程序不同。但很显然，这一制成法仅区分了国王的法院与外国及其他国君之法院，除此之外并未做其他区别。既然你以是否有陪审团作为区分[英格兰与别国]法院的依据，那么，你以为普通法的审理方式与[英格兰的]其他法院的审理方式之间的区别又是什么呢？你知道，很自然的，对事实问题的审理，在全世界，证人都是裁决者，不可能有别的方式。那么，陪审团除了裁决证词的有效性之外还能裁决什么？法官在事实被证明之前不会做出判断，也不会做任何事情，只是在其后才宣告法律；这不是判决，而是司法裁决权（jurisdiction）。而且，即使审判是在衡平法院或罗马民法法院进行的，证人也依然是事实的裁断者。受委任听取诉讼理由（cause）的人要扮演两个角色，也即，既充当陪审员，对证词做出裁断，又充当法官，宣告法律。因此，我要说全部的区别就在这里：它确实足以引发司法裁判权上的纠纷。但是，既然它①既不可能导致国王的继位权被剥夺，又不可能导致人民的继承权被剥夺，也不会颠覆理性的律法——普通法，且不会颠覆正义，不会对疆土造成损害，没有其中一些[规定]，这些制成法也不会遭到破坏，因此，它不可能是侵犯王权罪。

法律家： 我接着往下读。对于国王和臣民根据普通法对其拥有权利和财产权的自由保有地、遗产、财务和牲畜、债权和职务，如果依据其他法律（per aliam legem）裁决，或者以其他审问方式审理，就会带来前述三大危害：对国王和他的王位造成破坏，剥

---

① 指将世俗诉讼诉至教会法院。

夺他的人民的继承权，导致一贯适用之普通法被弃置不用并遭破坏。

哲学家： 也就是说，导致理性的律法被弃置不用并遭破坏。由此可以推论，在没有陪审团的地方，在实施的法律不同于我们的法律的地方，也就是说，在我国之外的世界上别的地方，国王和他的人民都不拥有遗产、财物，也没有理性的律法。下面我将详细考察他关于刑事案件的学说。他从来没有给犯罪下过定义，但我们可以知道什么是犯罪：一个可憎的名称就足以使他把任何事情当成犯罪。他将异端罪列为最可憎的犯罪之一，却不知道它是什么意思；他的看法没有什么依据，仅仅是罗马教会为了使其僭取的权力更加令人敬畏，一直把传播反对教廷之学说者定为犯罪，而罗马教会对经过宗教改革的这个或那个教会中虔诚而博学的人士所显示的残酷，在普通人看来恰恰是一件令人憎恶的事情。爱德华·库克爵士对异端罪的处理让人以为，在伊丽莎白王朝，它是一种国王之诉；而实际上在那个时代，根本就没有关于异端罪的法律学说。斯坦福法官（Justice Stamford）将其废弃，因为，即使异端罪是一种犯罪，它也是一种主教之诉（a plea of the mitre）。从爱德华·库克爵士对刑事案件的归类中我也看出，他把吃饭浪费、装饰华贵、住房奢华都算进犯罪范畴中，尽管它们没有违反任何制成法。由于邪恶的环境，它们变成了罪；但这些罪属于精神牧人裁断的范围。世俗法律的法官（假如唯有意图能使之成为罪）不可能裁决它们是不是罪，除非他有权聆听忏悔。他将谄媚国王也当作犯罪处理。他怎么能知道一个人什么时候是在谄媚另一个人？因此，他的意思是，取悦国王是一种犯罪；相应地，他引证了过去国王的宠臣带来巨大灾难的几个例子，比如亨利三世、爱德华二世、理查二世、亨利六世的宠臣的例子。这里提到的宠臣，有些因为叛逆而被那些监禁、流亡和处死国王的叛臣所监禁、流放和处死，而其依据并不比斯特拉福德伯爵、坎特伯雷大主教和查理一世国王被其时之叛臣处死更有道理。安普森（Empson）和杜德利（Dudley）不是亨利七世的宠臣，相反只是食客（spunges）而已，亨利八世对其予以严厉处理。红衣主教沃斯利（Wolsey）确有几年时间是亨利八世的宠臣，后来却失宠，不是因为他谄媚国王，而是因为他在国王与凯瑟琳王后离婚之事上没有讨好国王。在这里你可以明白爱德华·库克爵士的推理，你也可以明白他在下面这句话中所表现出来的激情：让追随他们之人，来承担其命运（*Qui eorum vestigiis insistunt, eorum exitus perhorrescant*）。这是找准机会攻击宠臣，当时就是针对詹姆斯国王的宠臣的。不过，我们先放下这个话题，说说法律对这类犯罪的惩罚吧。

八　论刑罚

哲学家：首先我想知道，究竟是谁有权对已发生的某种违法行为详尽地界定和规定具体的刑罚方式。我想不会有人认可古代斯多葛学派的看法：所有错误都是一样的，杀一个人跟杀一只鸡所得到的刑罚应当是一样的。

法律家：在所有犯罪中，刑罚的方式是由普通法所决定的。也就是说，如果是制成法确定了刑罚方式，那么裁决就必须按照制成法；如果没有制成法明文规定，那就应当遵守这类案件中的习惯；而如果案件是以前没有过的，我不明白法官为什么不能按照理性对其做出裁断。

哲学家：但按照谁的理性呢？如果你指的是由国王授权拥有对本案之司法管辖权的这个或那个法官的自然理性（natural reason），那么，有多少个人就有多少种理性，则对所有犯罪的刑罚就会是不确定的，而它们也无一能够发展成为一部习惯法。因此，如果一种刑罚源于受委托之法官的自然理性，那么刑罚就永远不可能是确定的；只要不是源于至高无上的裁判者的自然理性，就不可能是确定的。因为，如果理性的律法确实决定着刑罚，那么，同样的违法行为，在全世界、在每个时代都应遭到相同刑罚；因为，理性的律法是永恒不变的。

法律家：如果自然理性——不管是国王的，还是别人的——都没有能力规定刑罚，那么，怎么能够存在合法的刑罚呢？

哲学家：为什么不能呢？因为我认为，具体个人的理性天赋之间存在区别，正是这一点构成了使每一刑罚确定不移的恰当而完美的理由。因为，把规定刑罚的权威给予某个人，并让该人对其做出明确规定，则只要其规定是在进行违法行为之前做出的并被犯罪人所知晓的，那就是由正确的理性对其予以规定的。因为，这样的权威就是扑克游戏中的王牌，唯一的区别只是，在治理事务中无牌可翻，而梅花永远是王牌。既然每个人依靠自己的理性都能知道什么样的行为违反了理性的律法，也知道这一权威对每种犯罪行为规定了什么样的刑罚，因此，它就是一种明明白白的理性，因为他若违反了已知的法律，就应接受自己已经知道的刑罚。而被人们授予明确规定刑罚之权威的那人，在世界上的任何地方，只能是拥有主权性权力的那人，而不可能是其他人。他可能是一个人，也可能是一群人。将这种权威授予不掌握使刑罚得以执行之军事力量的人，乃是徒劳无益的；因为，如果很多犯法者联合起来并互相保护，若无军事力量之助，就无法对其执行刑罚。有一个案子，是拿单（Nathan）提交给大卫王（King David）的：一个富人有很多羊，一个穷人只有一只羊，是一只温顺的小羊羔；这个富人家里来了客人，舍不得从自己的羊群中取一只给客人吃,却取了那穷人的羊羔。对这个案件,大卫王做出这样的判决:"行这事的人该死。"① 你对此有何感想?这是一个值得赞美的裁决,还是一个暴虐的裁决?

法律家:我不想提出与英格兰教会的教会法规相反的意见,该法规承认,英格兰国王在自己疆域内拥有与以色列的好国王在其境内所拥有的同样权利;也不否认大卫王是这好国王中的一位。但在没有事先存在之法律情况下处人死刑,则是苛酷地对待我们,我们不愿听闻专断的法律,更不要说专断的刑罚,除非我们能够确定,我们所有的国王都跟大卫王一样好。我只想问你,神职人员是依据什么权威让自己来确定或制定涉及其国王或区别好国王与坏国王之权利的教规的?

哲学家:不是神职人员让教规成为法律,而是国王借助英格兰国玺而使之成为法律;是国王给予他们以教授其学说之权力,也即,是国王授权他们公开根据《圣经》经文教授和传播基督及其使徒的学说,而经文中明显地包含着这样的学说。而假如他们在自己发表的学说中毁损国王的权力,那他们当然就应受到指责;不仅如此,我相信,他们也已触犯了关于侵犯王权罪的那部制成法理查二世16年法第5条,比衡平法院法官受理普通法诉讼的性质更恶劣。我不想引用大卫王的先例,以为违背《大宪章》行为

---

① 见《旧约·撒母耳记下》12:1—6。大卫王接着说:"他必偿还羊羔四倍,因为他行这事,没有怜恤的心。"

提供依据，或者证明任何一个冒犯国王的人应受生命或器官丧失之刑罚的正当性；我只想向你证明，在那部宪章中，在所有未明确规定刑罚的案件中，唯有国王能对其做出规定；除了依据制成法的力量或根据委任状之规定外，受国王委托之法官是不能惩罚任何一位违法者的，这在其职权之外（ex officio）。对于藐视他们法院的人，因为这是对国王的蔑视，所以即便其得国王欢心，也可按其违法程度而将其监禁或处以罚金；然而，所有这一切不是别的，只是交由国王自己来裁断。至于星室法院迄今经常使用的割耳、上颈手枷、肉刑等刑罚，那是亨利七世的制成法所规定的，该法授予他们有时根据其判断施刑之权力。一般来说，这是一项理性的规则：审理犯罪的每位法官，如果遇到实在法未规定刑罚的情况，而他又未从国王那里得到其他指令，他就应在对该违法者造成无可挽回的损害宣判刑罚之前，咨商于国王。否则，他是不能宣告法律的；宣告法律确实是法官的职责，但此处所涉及的乃是制定法律，而这却是国王的职责所在。由此你可以知道，对于如此这般的犯罪施以如此这般的刑罚的习惯法，其本身并不具有法律效力，这种效力源于一个确凿的推定：这种习惯法之源头乃是某位先王之裁断。由于这个原因，法官们对于他们赖以作为裁决依据之习惯法就不应追溯至撒克逊诸王时代，也不应追溯至诺曼征服时代。因为，距今最近的先例是其做出裁决之最直接依据。最新的法律通常是效力最大的，因为所有人都对其记忆犹新并予以默认，掌握主权之立法者对其并无异议。对这些看法，你有何反对意见？

法律家： 爱德华·库克爵士在讨论裁判与执行的那章中说过（《英格兰法律总论》第三卷第210页），有些裁决是根据普通法做出的，有些依据制成法，有些依据习惯法；在这里，他将普通法与制成法和习惯法做了区分。

哲学家： 但你知道，在别的地方，他将普通法与理性的律法等同起来。它们也确实是一回事，假如理性的律法是指国王的理性的话。那么，他在这一区分中的意思肯定就是，在没有制成法的情况下，存在着根据理性做出之裁决，也存在着既不是根据制成法也不是根据理性而是根据习惯法做出之裁决，且是不存在理性的习惯法。因为，假如某一习惯是合乎理性的，他和其他博学的法律家就会说，这习惯法就是普通法；而如果这习惯法是不合乎理性的，它就根本不是法律。

法律家： 我相信，爱德华·库克爵士的意思无非就是你在这里所说的，但他插入了"习惯法"这个词，因为在很多情况下，不可能区分合乎理性的习惯法与不合乎理性的习惯法。

哲学家： 但是，习惯法就其具有法律效力而言，与其说具有理性的律法的性质，不如说有更多制成法的性质，尤其是当其所涉问题不是关于土地和财物而是关于刑罚之时，刑罚只能由权力当局予以明确规定。下面我们来讨论具体细节。重叛逆罪应处以何种刑罚？

法律家：装入囚笼，由监狱拖至绞刑架前，在那里，用绳子套在颈上吊起，掉到地上时让他仍然活着，在他仍旧活着时掏出他的内脏并予以焚烧，砍下他的头，将他的身体劈为四块，他的头和四块身体将被扔到国王所指定的地方。

哲学家：既然法官应按照法律做出裁决，而其裁决又不是制成法所规定的，爱德华·库克爵士如何以理性证明这一刑罚之正当，或如何以习惯法来证明之？

法律家：只能如此：某人如企图毁坏政府的最高权威，则其身体、土地、财物、子孙等都应被撕裂、被剁成碎块、被摧毁，这就是理性。

哲学家：你看，他是想尽办法不提国王的最高权威〔而只说"政府的最高权威"〕。但是，这种理性却没有让古罗马国王图鲁斯·霍斯提利乌斯（Tullus Hostilius）用拖、吊然后分尸这样的办法惩罚当时的叛国者麦提乌斯·福菲提乌斯（Mettius Fuffetius），① 或者让法国国王惩罚距今不算太长的法国人拉瓦亚克②，他不过被四马分尸而已，不是吗？

---

① 图鲁斯·霍斯提利乌斯是罗马第三任国王，约公元前 673 年至前 641 年在位，频繁发动战争而不敬神，关于其惩罚这位叛国者的事迹，暂时不详。
② 疑即弗朗索瓦·拉瓦亚克（François Ravaillac, 1578—1610），1610 年 5 月 14 日，他在巴黎刺杀法王亨利四世致死，后于 5 月 27 日遭受酷刑折磨，然后被分尸。

法律家：我想是的。但他在同一章中也依据经书确认了这一点。约押因为叛逆而被从祭坛的角拖开（《旧约·列王纪上》2：28），这可以证明在囚笼中拖行的正当性；《旧约·以斯帖记》2：22，辟探因为叛逆而被挂在木头上，是绞刑的证明；《新约·使徒行传》1：18，犹大吊死自己，他的肠子都流出来，这证明了绞刑和活着剖腹的刑罚；《旧约·撒母耳记下》18：14，约押刺押沙龙的心，这是剖出叛国者的心的证明；《旧约·撒母耳记下》20：22，比基利的儿子示巴的首级被割下，这是叛国者的头应被割下的证明；《旧约·撒母耳记下》4：12，他们杀死了巴拿和利甲，把他们的头挂在希伯仑的池旁，这是尸体劈为四块的先例；最后，没收土地和财物，见《旧约·诗篇》109：9—15，愿他们的儿女为孤儿和乞丐，其他人可以抢走他们劳动所得，把关于他们的记忆从这个地方涂抹掉。

哲学家：可真够博学的。但这样的裁决却不见于任何判例；多为叛国者所得之不同刑罚，在这里却被组合起来成为对同一个叛国者的裁决。

法律家：他并没有这样的意思，而只是想（顺便）表明，他对经书的解读，或者他的教堂牧师对经书的解读。

哲学家：那么，既然在讨论叛逆罪之刑罚时他没有从自然的理性，也即没有从普通法那里寻找论据，又很显然，它们不是本王国之普遍的习惯法，该刑罚很少或从来不对疆域内之贵族执行，而国王只要愿意就可以赦免这整个刑罚；由此可以得出结论，具体地确定刑罚，完全仰赖于国王之权威。可以肯定，任何法官都不应做出不同于制成法一般给予和认可之裁决，也不应做出不同于主权性权力明文同意或隐含同意之裁决。否则，他的裁决就不是法律的裁决，而是一个理应服从法律的人擅自做出之裁决。

法律家：对轻叛逆罪，裁决是，被拖到行刑处，以绳缚颈吊死；或者假如罪犯是女性，则被拖至刑场烧死。

哲学家：你能设想，做出如此优良之区分的依据，除了一个私人的智慧［指国王的智慧］之外还能是别的什么吗？

法律家：爱德华·库克爵士关于这一点论述说，女性不应被斩首或绞死。

哲学家：不，这不是法官可以决定的，法官不应做出与制成法或国王所决定者不同之裁决；行政司法长官也不应执行与法官之宣判不同的刑罚，除非他得到了国王的特别指令。假如爱德华·库克爵士以前未曾说过，国王已将其全部司法裁断权转让给了司法法院，我本来会认为他的意思就是这样。

法律家：对重罪的裁决是——

哲学家：在国王之诉的范畴中，异端罪排在重罪之前。

法律家：他省略了对异端的裁决，因为我想，陪审团不能确定异端罪，世俗法官也不能对其做出宣判。因为制成法亨利五世2年法第7条的规定是，主教在确定某人犯有异端罪后，应将其移交行政司法长官（sheriff），该行政司法长官则应相信主教。因此，行政司法长官受亨利四世2年制成法之约束，在罪犯被移交给他后，可将其烧死；但在该制成法被废止后，行政司法长官如未得到烧死异端令状（writ *de heretico comburendo*），就不能烧死他；因此，行政司法长官是根据这样的令状烧死莱加特的（詹姆斯国王9年），该令状则由当时的普通法法官签发，且该令状明文记载着那一裁决。

哲学家：这是一种奇怪的推理。爱德华·库克爵士知道并且也承认，作为签发烧死异端令状之依据的制成法已被全部废除，他怎么能认为该令状本身是有效力的？难道废止有关烧死异端之制成法的那部制成法并无禁止此种火刑的意图？很显然，他并没有搞懂他的普通法的各种判例集。因为，在亨利四世和亨利五世在位时，主教的话就是行政司法长官必须遵守的指令，而根本不需要这样的令状；到亨利八世25年则不可能有这样的指令了，当时，那些制成法已被废止，为此目的制作了一份令状并登记在档案中，费茨赫伯特在其《新令状选编》结尾引用了该令状。还有，在伊丽莎白王朝末年出版了一部经过校订的起始令状和司法令状登记册，其中没有烧死异端令状；因为，亨利八世25年那部制成法及所有针对异端的制成法都被废止了，火刑也就被禁止了。尽管他为了支持这一令状而援引了詹姆斯一世9年王家民事诉讼法庭和王座法庭的首席大法官、财税法院的首席大法官及王家民事诉讼法庭两位大法官的话，但这并不能说明什么，而只能说明首席大法官们违背了法律。因为，不管是王家民事诉讼法庭法官还是财税法院法官，如果没有特别委任都不能受理国王之诉；而如果他们不能受理诉讼，当然也就不能判刑。

法律家：重罪面临的刑罚是，重罪犯人将被系颈吊起，直到其死亡。为证明为什么应当这样做，爱德华·库克爵士援引了一个句子："因重罪而将罪犯斩首为不合法"（*Quod non licet felonem pro felonia decollare*），我不知道其出自何处。

哲学家：行政司法长官自作主张这样做，或者不按判决的要求做，确实是不合法的，而法官不按制成法或国王所赞成的惯习做出裁决也是不合法的；但这并不妨碍国王改变他关于裁决的法律，只要他看到了充分的理由。

法律家：只要国王愿意，当然可以这样做。爱德华·库克爵士告诉你，国王如何改变了重罪案件的个别裁决，并表明了这一判决是针对议会的一位贵族的，他本应被绞死，却被斩首。另一位贵族因为另一宗重罪本应得到类似判决，却没有被绞死而被斩首；除此之外，他还向你表明这样的处理是不便的，因为他说，如果绞死被改成斩首，那么基于同样的理由也可以被改成火刑、被乱石砸死等。

哲学家：这样处理也许有所不便，但这已超出我所看到或他所表明者，对他所引的案件的执行来说，也没有带来任何不便；他也会承认，作为极刑（*ultimum supplicium*）的死亡已经满足了法律的要求。而如果不考虑治理的这种不便而考虑国王和议会的不便，那种做法是合适的，则达到让法律满足这一目的之后，夫复何求？或者说，谁能从获得委任的法官之权威那里推导出［法官］审查委任他的国王之行为的权力？

法律家：因为，爱德华·库克爵士说，对于一个人因意外而致死，并没有明文裁断，对于一个人在自卫中杀死他人，也没有明文规定。但他说，在这两类案件中，法律都给出了判决：这样杀死一个人，应当没收其全部财物和牲畜、债权和职务。

哲学家：如果我们考察爱德华·库克爵士（《英格兰法律总论》第一卷第745节）关于"重罪"一词的解释，这些裁决是非常恰当的，因为在那里他说，由于自卫（*chance medley*）也即"*se defendendo*"而杀死一个人是重罪。他的话是这样的："因此，根据今日的法律，诸委任状中所说的'重罪'一词包括轻叛逆罪、杀人、自杀、纵火烧人住宅、夜盗、抢劫、强奸等，包括由于自卫（*se defendendo*）。"但如果我们只考察其意图就会觉得，由于意外或在自卫中杀人而得到这样的裁决，既是残酷的也是有罪的。它们怎么能成为重罪，今天难以让人理解，除非有一部制成法做出这样的规定。因为，亨利三世25年制成法第25条中有这样的规定："自今以后，杀人罪，假如被发现系出于意外，我们的法官就不应裁决其系重罪杀人而非别的杀人。"该法明确指出,如果它们是重罪,那就必定也是杀人罪,除非它们被晚出的制成法规定为重罪。

法律家:不存在这样晚出的制成法,在那个委任状中没有提到过——也不可能有这样的委任状;那么,除了一部制成法之外,没有任何别的东西能将此前不属于重罪的犯罪变成重罪。

哲学家:看看,一个人在弄清了重罪的一般范畴及其含义之前,就将重罪分成几类,就是这样的结果。事实上,一个人,如果仅仅是由于意外而杀死另一个人,而并没有任何罪恶目的,即应没收其全部财物和牲畜、债权和职务,这是非常苛刻的裁决,除非罪犯是被杀死者的亲属,可给予这样的裁决,旨在对损害做出赔偿。但法律不是这样的。普通法,也即理性的律法能证明这一裁决的正当性吗?制成法能吗?假如杀人是纯粹由于意外而做出上述判决,就不能被称为理性的律法。如果一个人由于在其苹果树上采摘苹果,不幸摔落,砸到了另一个人的头上,使其死亡,而这个好运气却救了他本人的性命,是否能够因为这一意外而判决其财物没收充归国王?理性的律法要求做出如此裁决吗?你会说他应当留心自己的双脚,确实如此;但即使这样,树下的人也应当留心头顶上的树啊!所以在这一案件中,我想理性的律法会规定,他们两人应当各自承担自己的坏运气。

法律家:在这里,我同意你的观点。

哲学家：而这一案件是由于纯粹的意外杀人的真实案件，足以驳倒爱德华·库克爵士的意见。

法律家：但假如是一个正在他人树上偷盗苹果的人掉落砸死人，又该如何呢？此时，根据爱德华·库克爵士的说法（《英格兰法律总论》第三卷第56页），这就是杀人罪。

哲学家：在意外杀人案件中，确实需要进行非常仔细的分辨。但在这一案件中，偷盗苹果之非法性并不能使之成为杀人罪，除非坠落本身就是非法的。杀人罪必须是采取主动的非法行为致人死亡，否则，根据理性的律法就不是杀人罪。站在树下的那个人的死亡不是源于那些苹果不属于树上的那个人，而是由于树上那个人之坠落。但假如一个人用箭射另一人的鹿或对其开枪而意外杀死一个人，这样的射击既是主动所为的又是非法的，并且也是那人死亡的直接原因，就可以推论，也许有时可以很充足地由普通法法官判其杀人罪。同样，如果一个人对一所住宅射击，由于意外而杀死其中一人，毫无疑问，根据理性的律法这是杀人罪：因为，尽管他并无杀死该人的预谋，但很显然他没有注意到他所杀死的那个人。寻找理性的律法做出什么样的规定是个难题，在这里究竟由谁来决定这个问题？

法律家：如果是由于意外，我想，应当交给陪审团；因为这仅仅是个事实问题。但如果引起疑惑的是该意外是否源于该行为，而该行为究竟是否合法，则应由法官做出判断。

哲学家：但假如偷盗苹果之类的行为之非法性没有导致该人死亡，那么，偷盗行为应当作为侵害他人财物罪或重罪，单独按照法律的规定给予惩罚。

法律家：但对于一个人在自卫中被杀，爱德华·库克爵士说，陪审团不应在其陪审团裁断中说那是自卫，而只应具体地宣告该行为之做法，将其留给法官来考虑应对其如何称呼，是自卫、非预谋杀人抑或谋杀。

哲学家：人们是会这样想的；因为，陪审团通常没有能力分辨法律家赋予一个人被杀死的那些不同的、难以弄懂的名词之含义，原因在于对于谋杀罪和重罪，不管是法律还是法律的制作者都没有给出定义。证人会说那个人做了这个或那个，但无法说清那是谋杀罪还是重罪；陪审团也没有能力这样说，他们只应说出其从证人或囚犯那里听到的，而不能说别的。法官也不应把其裁决建立在除了被证明的具体事实以外的其他东西的基础之上，这种事实是不是与制成法相悖，也应予以宣告。

法律家：但我已经告诉你，如果陪审团已经做出了意外或自卫的裁断，就根本不用给出裁决了，当事人也就当然会被免罪，只有其财物和牲畜、债权和职务被没收充归国王除外。

哲学家：但我不明白怎么可能有犯罪而没有法官裁决，也不明白怎么可能在没有事先做出的法官裁决情况下遭受刑罚，更不明白，如果法官没有裁决一个人的财物应被没收，行政司法长官根据什么查封其财物。我知道，爱德华·库克爵士说过，在绞刑裁决中，隐含着没收财物的裁决，对此我却不能理解；尽管我完全能够理解，行政司法长官依其职权可以查封判决犯有重罪之人的财物；但我不能设想，没收财物的裁决能够被隐含在一个根本就不存在的裁决之中；我也不能设想，陪审团已经查明事实的具体种类确实是自卫而不是别的，因而根本就没有过错，为什么却应遭受刑罚。你能替我讲讲这样做的理由吗？

法律家：它的理由见之于习惯法。

哲学家：你知道，不合乎理性的习惯法不是法律，而应予以废除；而什么样的习惯法能比一个人没有出错却遭刑罚更不合乎理性？

法律家：那么请查看制成法亨利八世24年法第5条（24 Hen. Ⅷ. cap. 5）。

哲学家：我在这里看到，在制定这部制成法时，法律家中间有一个问题，即一个人企图以重罪形式在公共道路、庭院路上、马行道上或人行道上，或者在他的宅第、住宅及其宅基或寓所实施抢劫或杀害而被人杀死，那么，是否应当没收杀人者的财物和牲畜，就像一个人由于意外或在自卫中杀死另一个人那样。这部制成法的序言一如爱德华·库克爵士之所愿①。但这部制成法没有规定，一个人因为自卫杀人或者因为意外杀人而应被处以没收财物，只能根据法律家们的意见推测当时是那样的；这部制成法的主体部分则是，如果一个人被陪审团控告或被上诉在前述情形下杀人，陪审团也是这样裁断的，并经过审判，他就不应被没收财物而应被释放，视同被查明无罪。你看看这部制成法，然后根据它再来考虑自卫杀人的案件。首先，如果一个人在自卫中杀死另一个人，很显然，死者要么曾试图抢劫他、杀害他或伤害他；否则的话，他也不会进行自卫。假如他是在街道或临近街道的地方，比如在客栈、酒馆中杀人，则其财物不应被没收，因为街道也是公共道路。发生于所有其他公共道路上的案件都可以这样裁决。那么，在哪些地方一个人在自卫中杀死另一个人，而该制成法将不会没收其财物？

法律家：但该制成法说，死者的动机必须是重罪性质的。

哲学家：如果一个人手执一把刀子、一柄剑、一根棍棒或别的致命武器攻击我，法律会禁止我自卫吗？或者会命令我待在那儿弄清其是否具有重罪动机？因此根据这部制成法，只要查明是自卫，就免于财物没收；如果查明是别的情形，则是死罪。如果我们阅读一下制成法格罗切斯特第9条（Glocester, cap.9），我想，它已经解决了这个难题。因为，根据该制成法，如果已由地方查明他是在自卫中或由于不幸而杀人，那么根据法官提交给国王的

---

① 即没收财物。

报告，国王可以对他予以赦免，只要这令他高兴。由此可以得出结论，第一，下面一点在当时被视为法律：陪审团可以做出自卫这样的概括裁断（the general verdict），爱德华·库克爵士则不承认这一点。第二，法官应当将特别事项①向国王报告。第三，国王可以对他予以赦免，只要国王高兴。因此，他的财物可不被查封，除非国王在听取法官的报告后向行政司法长官下达查封令。第四，国王的概括裁断并不能妨碍国王，相反，他可以根据特别事项对其做出裁决，因为经常发生这样的事，一个脾气不好的人会以话语或别的东西激怒另一个人，目的就是要激对方拔出剑，这样他就可以杀死对方而假装自己是在自卫；如果是这样，国王则可以在不冒犯上帝的情况下，以案情所要求的方式惩罚该人。最后一点，与爱德华·库克爵士的学说相反，国王可以在这种情况下自己做出裁决，宣布陪审团的裁断无效，而一个被任命的法官却不能这样做。

法律家：有一些案件，一个人尽管由陪审团查明无罪，但会被没收财物和牲畜。举例来说，一个人被杀，由于 A 憎恨 B 而放出话说是 B 杀了人；B 听到这些话，害怕自己因此被审判，而由于 A 比较有势力，其他人可能会借故害他，他可能会被定罪，于是他逃跑了，后来他被逮捕、审判。有充分的证据使陪审团查明该人无罪，但由于他曾逃跑过，他就应被没收财物和牲畜，尽管

---

① 特别事项（special matter），在普通法诉讼中，被告在做出概括否认答辩时，经事先通知原告，准许其作为特别证据提出的事项，从而被告可以不必专门为之做出答辩。

法官并没有做出过这样的裁决，制成法也没有这样的规定；但法律本身就授权行政司法长官查封它们充归国王。

哲学家：我看不出这样做的理性（而普通法就是理性），而我可以确定，它不是以制成法为依据的。

法律家：看看爱德华·库克爵士《英格兰法律总论》第一卷第709节，读一下那一段。

哲学家："如果一个无辜之人被控重罪，因害怕而逃跑；他是因重罪被司法部门逮捕的，假如查明他是因该罪逃跑的，则尽管他是无罪的，其财物和牲畜、债权和职务也将被没收。"啊，这完全是反基督教教义、令人憎恶的学说！① 这与他自己下面的话也是自相矛盾的，他说，"至于对其财物、牲畜的没收，法律不承认那些与以其逃跑为依据所形成的法律推定②相悖的证据，在很多案件中也正是这样的；但一般规则是，该推定将成立，直到相反证明成立（*Quod stabitur præsumptioni, donec probetur in contrarium*），不过，你们知道，这一规则有很多例外。"这一一般规则是与他前面所说者相矛盾的，因为法律的一般规则不能有例外，任何一部制成法都没有明文规定过例外，对衡平法的一般规则也不可能有例外。

---

① 霍布斯在《利维坦》第二十六章"论国家法"中对同一段落有过评论。
② 法律推定（presumption of the law），指特定的事实已经证实且无相反的证据提出时，要求法庭做出的法律上的假定，即裁决推定的事实成立，无罪推定就是一项法律推定。法律推定是可以反驳的。

九　论赦免

哲学家：从刑罚的权力，我们转而讨论赦免的权力。

法律家：关于赦免的权力，爱德华·库克爵士说（《英格兰法律总论》第三卷第236页），除了议会，人们不可能从别处得到赦免状（charters of pardon）。为此，他援引了制成法爱德华三世2年法第2条（2 Edw. III. cap. 2）；他又说，因而，一份议会卷宗说，为了境内之安全，以下规定是有益的：除议会外，无人可给予赦免。

哲学家：他给国王留下了多少合法的权利呢？国王岂不是丧失了施行恩惠的能力？他援引了那部制成法以证明，只有议会能颁发赦免状，而国王不应颁发；但那部制成法并无这样的规定，任何人都可以搞清这一点，因为这部制成法有印本。至于他所说的那份议会卷宗的内容，只是一个他没有说明的人的愿望，而不是法律；很奇怪的是，一个私人的愿望竟然会被归入议会法案中。假如一个人对你构成了伤害，你认为，宽恕之权归谁？

法律家：毫无疑问，只能归我本人，假如只是我自己受到伤害；因而，假如仅仅是国王遭到伤害，那赦免权就只归国王；假如同时对两者构成伤害，则同时归两者。

哲学家：那么，除了国王和受到损害的当事人外，别人为什么要掺和颁发赦免状的事？假如你没有冒犯议会两院的任何一位成员，那你为什么要请求他们宽恕？很有可能，一个人确实值得予以赦免，或者有时为了保卫王国有必要赦免他。此时，即使议会不在会期，难道国王就不能赦免他？爱德华·库克爵士的法律在这一点上也太概括了；我相信，假如他对此问题详加思考，就会把一些人视为例外，恐怕也并不仅包括国王的子女和他的确定的继承人；而他们也都是他的臣民，跟其他人一样服从于法律[，但国王却可以赦免他们]。

法律家：但假如国王自己出面向谋杀犯和重罪犯颁发赦免状，那么不管是在夜里还是白天，在自己家里还是家外，别人就没有安全感了。正是由于这样的原因，因此有很多制成法做出明文规定，禁止法官对那些不能具体指名的犯罪予以宽免。

哲学家：我承认，这些制成法禁止法官赦免谋杀犯是合情合理的，也是非常有益的。但有哪部制成法禁止国王这样做吗？有一部制成法理查二世13年法第1条（13 Rich. II. cap. 1），在那里，国王承诺不赦免谋杀犯，但在这部制成法中有一项条款，保留了国王的这种特权。由这一条款可以推论，国王并没有放弃这种权力，只要他认为使用它对整个国家有利。这样的制成法并不是针对国王的法律，而是颁布给法官的法律，尽管法官按照国王的命令在很多情况下不得宽免罪犯,但根据国王的书面命令,法官可以进行宽免,此时他们也应照办。我认为,如果国王根据自己的良知认为它对整个国家有利,他这样做就没有错;不过我并不是主张,假如那项犯罪已经对别人带来了损害,国王可以赦免他而依然无错,除非他促成罪犯对遭受损害的当事人做出了补偿。不管怎样,不管有错无错,在英格兰,没有任何一种力量可以抵制国王,或者可以合法地说他的坏话。

140　　**法律家**:爱德华·库克爵士并不否认这一点,据此他说可以赦免重叛逆罪的就是国王本人;因为,除非是针对国王,否则不可能有重叛逆罪。

哲学家:完全正确。所以他承认,不管违法行为是什么,国王都可以赦免一项针对他本人的伤害,这是他自己的权利,这样的赦免状不会损害任何实在法或自然律法,只要他的良知告诉他,这样做不会对整个政治共同体造成损害。你知道,判断什么对政治共同体有利、什么对政治共同体有害之权仅归国王。接下来请你告诉我,被赦免的那东西究竟是什么?

法律家:除了违法行为外,还能是什么?如果一个人犯下谋杀罪,而因此罪被赦免,被赦免的不就是谋杀罪吗?

哲学家:不,这只是你的想法而已。如果一个人因为谋杀罪或者别的违法行为被赦免,被赦免的是那个人。谋杀罪仍是谋杀罪。但是,赦免是什么呢?

法律家:按照爱德华·库克爵士的说法(《英格兰法律总论》第三卷第233页),赦免就是被彻底地(*per and dono*)宽免。

哲学家:如果国王赦免了谋杀罪,而赦免的不是犯下谋杀罪的那个人,宽免能够带来什么好处呢?

法律家:你应当很清楚,当我们说一项谋杀罪或别的什么罪被赦免时,全英格兰人都明白其意思,那就是该违法行为理应遭受的刑罚,就是被宽免的东西。

哲学家:但为了让我们彼此能够理解对方的意思,你应该先这样说。我现在搞清楚了,赦免谋杀罪或重罪,就是彻底地使犯罪者免于法律理应对其违法行为给予的所有刑罚。

法律家:不是这样的,因为爱德华·库克爵士在同一章第238页又说:"一个人犯了重罪,因此而被判决褫夺法权(attaint),或者宣誓放弃国籍(abjure),而国王在赦免该重罪时若未提到褫夺法权或宣誓放弃国籍,则该赦免是无效的。"

哲学家:褫夺法权是指什么?

法律家:褫夺法权就是,其血统在法律上已受到污染并已腐烂，因而其遗产不能由其传给其子女，或者他不能对任何东西主张权利。

哲学家：褫夺法权是这种犯罪或刑罚的组成部分吗？

法律家：它不可能是这种犯罪的一个组成部分，因为他自己不可能做这样的事；因而，它是刑罚的组成部分，也即剥夺违法者的继承权。

哲学家：如果它是刑罚的组成部分而不能与其他部分一同被赦免，那么，赦免就不是彻底地宽免刑罚，就像爱德华·库克爵士所说。宣誓放弃国籍又是什么呢？

法律家：以前，如果神职人员被证明犯有重罪，他可以通过宣誓放弃本国国籍而保住其性命；也就是说在指定时间内离境，并宣誓永不返回。但今天，所有有关宣誓放弃国籍的制成法都被废止了。

哲学家：它也是一种刑罚，是在赦免重罪时赦免这一刑罚的，除非有一部与其相反的制成法依然有效。在制成理查二世13年法第1条中多少有一些规定涉及允许赦免的人物，对此，我不能完全搞清楚。其条文是这样规定的："自此以后，不允许我们的法官对谋杀罪、埋伏杀人罪（the death of a man by await）、[谋杀罪的]恶意预谋或叛逆罪、强奸妇女罪签发赦免状，在特许状中已明文指定者除外。"因为我觉得由此可以推论,如果国王在其特许状中说,他赦免谋杀罪,那么他并不违反该制成法,因为他明确指定了违法行为;或者如果他说,他赦免埋伏杀人罪或恶意预谋罪,他也不违反该制成法,因为他明确指定了这种违法行为。甚至于假如他说,法官不能怀疑他赦免那人的意思,我认为法官也应承认这一点,因为该制成法保留了国王在这一点上的自由权和君主特权(liberty and regality),也即赦免他的权力,如下列语句所说,"尽管有与之相反的制成法",这些话足以使赦免状得到承认。因为这些话很清楚地表明了,该赦免状之签发并不出人意表,而是维护和主张国王在其认为合适之时显示其仁慈的自由和权能之权利。下面的话也有同样的意思:"*perdonavimus omnimodam interfectionem*",意谓,我们赦免杀人行为,不论其以何种方式进行。但在这里我们必须记住,国王如果赦免对他人造成之损害,就不可能无错,除非他已促使对违法者所造成的损害给予了补偿;但他并无责任满足人们报复的欲望;因为报复应出自于上帝,在上帝之下,则应出自于国王。那么,除了在特许状中,还能怎样明确指定这些违法行为?

法律家:他们根据其罪名被明确指定,比如叛逆罪、轻叛逆罪、谋杀罪、强奸罪、重罪等。

哲学家:轻叛逆罪是重罪,谋杀是重罪,强奸、抢劫、盗窃也是。爱德华·库克爵士也说,轻偷盗罪也是重罪。那么,假如在一份议会赦免令或在一份国王加冕赦免令中说所有重罪予以赦免,是否该赦免轻偷盗罪呢?

法律家:是的,它当然也应被赦免。

哲学家:但是你看到了,它并未被明确指定,尽管作为一种犯罪,其重罪性质其实要比抢劫罪小一些。强奸、抢劫、盗窃不都借赦免重罪之便而被赦免了吗?

法律家:我想,它们是根据制成法的条款而被全部赦免的,唯该制成法排除的那些除外。因而明确指定只是赦免状所必需的,而在大赦法案中则无此必要。因为,制成法理查二世13年法第1条禁止不承认议会赦免令或国王加冕赦免令,因而被赦免的违法行为不必具体指定,而可以借赦免全部重罪这样的概括性语言被赦免。下面的情形是不大可能的:议会议员们在起草其赦免令时不会没有想到使赦免范围尽可能地广泛。而爱德华·库克爵士(《英格兰法律总论》第一卷第745节)在用"重罪"一词时似乎另有考虑。因为海盗行为是一种重罪,但如果一位英格兰人在伊丽莎白王朝末年犯下海盗罪,并相信赦免所有重罪的加冕赦免令会使他得到赦免,于是,他在詹姆斯国王即位初年回到英格兰。但他将会被依据亨利八世28年制成法在地方司法行政长官(commissioners)前被控以海盗罪(爱德华·库克爵士当时是总检察长),如被查明有罪,将被绞死。他被定罪的原因在于,在赦免令中应具体提及海盗罪的罪名,[但没有提及,]因而,该赦免令[在本案中]就不被承认。

哲学家：与别的重罪相比，为什么应当特别具体地指定它呢？因而，爱德华·库克爵士应当依据理性的律法提出支持自己的论据。

法律家：他那样做了。因为他说，这次审判系根据普通法而在地方司法行政长官前进行，而非在海军事务大臣法庭上依罗马民法进行；因此他说，这次审判是违法行为，普通法不能管辖其案件，因为这种案件不能由十二个陪审员来审理。

哲学家：如果普通法不能或者不应管辖这类违反者，那么，该违法者怎么能由十二位陪审员审判并被判有罪进而被绞死？如果普通法不能管辖海盗罪，那又是根据别的什么违法行为而判其绞刑的呢？难道海盗罪是两项重罪吗？难道其中一项能使一个人根据民法被绞死，而另一项则使该人依据普通法被绞死？英格兰法律学者著作中的推理，再也没有比爱德华·库克爵士的《英格兰法律总论》的推理过程更经不起推敲的了，不管他怎样为自己辩护。

法律家：尽管我听到了你还有其他人对于他的指责，但在其《英格兰法律总论》中还是有很多精彩的东西，它们既很精深，也是正确的。

哲学家：[那是因为，]作为一门科学，别的法律家所写的东西同样乏善可陈。他引用过亚里士多德、荷马的著作及别的专业人士①普遍阅读的著作，但在我看来，这些著作恰恰削弱了他的权威；因为，任何人都可以靠一位仆人做到他的程度。不过，既然那个时代已经过去了，我们还是讨论点别的东西吧。一份大赦法案区别于一份议会赦免令之处何在？

法律家：在我们的法律汇编中，在制成法查理二世12年法第11条（12 Car. II. cap. 11）之前，从来没有过"大赦法案"（Act of Oblivion）这个词。我希望以后也永远不会再有，但对那之后的事情，你可能比我更了解。

哲学家：就我的阅读所及，在所有国家，唯一变成法律的一部大赦法案，乃是赦免雅典公民之间一切争斗的特赦或赦免令（*amnestia* or *oblivion*），涵盖了该法案颁布之前的任何时期、任何犯罪或任何人。该法的起因是这样的。拉栖戴蒙人（Lacedæmonians），即斯巴达人征服了雅典，进入雅典城，并下令雅典人应从其城邦中选出三十人对其行使至高无上的权力。这些人被挑选出来，其行为非常残暴，从而引发一场暴乱。在此暴乱中，双方每天都有人被杀死。后来有位贤明之士对双方提出建议，每人都应复归原位，忘掉过去的一切。双方都接受了这一建议，从而它变成一项公共法案；由于这个原因，它被称为一份大赦法案。尤利乌斯·恺撒被谋杀后，罗马也发生了类似的混乱，西塞

---

① 专业人士（gownmen），指可穿长袍以表示自己职业、身份的人，如法官、律师、教士和大学师生等。

罗也提出过类似法案，并确实被通过了，但只过了几天，就被马尔库斯·安东尼乌斯所破坏。我们的制成法查理二世12年法第11条则是模仿该法案而制定的。

法律家：据此似乎可以说，查理国王制定的《大赦法案》无非就是一项议会赦免令而已，因为它里面包含了大量例外，跟别的议会赦免令一样，而雅典的那部法案却不是这样的。

哲学家：但在这里所制定的《大赦法案》与普通议会赦免令之间还是存在一个区别。因为，对议会用概括性词语所赦免的过错，可以对其提出法律诉讼，违法者是否是该词所指明的，以及对所有重罪的赦免是否等于赦免海盗罪，均是可诉的。因为，你从爱德华·库克的判例集（reports）可以看出，尽管赦免了重罪，但在他担任总检察长时却没有赦免海上所犯重罪。但根据最新《大赦法案》，它赦免在最近内战中所犯下的各种形式的违法行为，因而人们不会对于哪些犯罪不在其列提出疑问。首先，一项事实如果依据法律已不被追究，则无人能依据法律就此类事实指控另一个人。其次，由于所有犯罪都可被判定为源起于那个时代的无法无天，源于内战已使法律沉默，因而都在该赦免令范围内（除非违法者个人被作为例外，或者除非其犯罪是在战争打响前犯下的）。

法律家：我觉得你说得确实是正确的。因为，如果除了因战争环境而出现的犯罪外，别的犯罪都不会被赦免，那么，发动战争本身就不会被赦免。

十　论关于财产权之法律

哲学家：我已讨论了犯罪与刑罚，下面我们讨论有关"我的"和"你的"之法律（the laws of *meum* and *tuum*）①吧。

法律家：那我们就必须详尽考察制成法。

哲学家：我们必须那样考察制成法规定了什么，禁止了什么；而不应争论其公正性。因为，理性的律法要求每人都遵守其已同意的法律，要求人们服从其已承诺顺服和效忠的人。那么，我们下面就来考察爱德华·库克爵士对《大宪章》及其他制成法的释义。为理解《大宪章》，很有必要上溯至古代，上溯至历史记载所能允许的最古老的时代；不仅要考察我们的祖先撒克逊人的习惯，也要考察自然的律法，这是所有法律中最为古老的，涉及政府的起源和财产的获得之法律，涉及拥有司法权之法院的法律。首先，显而易见的是，统治（dominion）、政府和法律要比历史记载或别的书面材料久远得多，人类中间所有统治的开始是在家中，在家内，第一，依据自然的律法，家中的父亲是其妻子和

---

① 即关于财产权的法律。

子女的绝对主人;第二,他在他们中间制定他所喜欢之法律;第三,他是他们中间一切纠纷的裁断者;第四,他没有义务遵守任何人间的法律,除了他自己的想法之外不用听任何人的;第五,不论是哪里的土地,只要这位主人居于其上,并为他自己和他的家人之利益而利用之,如果是以前的居住者闲置不用的,则根据先占(first possession)的律法,他就是所有者;或者如果他征服了它,根据战争的律法,他就是所有者。在这种征服中,他们所抓获并留下性命的敌人就成为其奴仆。那些不能占有土地却具备人的生活所需之技艺的人,居住于该家中以寻求保护,就成为这家人的臣民,自愿接受该家族的法律之管辖。所有这些不仅与自然的律法相一致,也与历史所记载的人类的实践——圣洁的和肮脏的——相吻合。

法律家:你是否认为,一位主子,也即其家族之至高无上的统治者,对另一位跟他一样拥有主权的主子开战并霸占他的土地,乃是合法的?

哲学家:这种做法是否合法,要看他这样做的意图。因为首先,作为一位拥有主权的统治者,他不受任何人间法律之约束;至于上帝的律法,其意图之正当性可据此得以证明,那么其行为也可依上帝的律法得以证明。根据自然的权利(the right of nature),在很多情况下,这种意图都是合法的,其中一种情形是,生存需要迫使其不得不那样。因此,以色列人的领袖摩西和约书亚直接从上帝那里得到占领迦南的命令,除此之外,以色列的子女也都有正当的理由做他们做过的事情,也即依据自然权利,他们必须维系自己的生命,而除非占领迦南,否则不能维持生存。与生存一样,安全也是其入侵令其恐惧的那些人的正当理由,除非足够的谨慎小心打消了他们的这种恐惧;而对我所不能设想的一切事都谨慎小心,却绝对是不可能的。生存需要与安全是在上帝面前开战的首要理据。自己受到的伤害可以作为自卫性战争的理据,但对于可以赔偿的伤害,如果已经得到了赔偿,对这种权利的入侵就是不公道的。如果你需要出自经书或历史中有关发动战争的这种自然权利的例子,你可以自己在闲暇之时读读书,可以找到足够多。

法律家:尽管你说,一个家族的主权性主人赢得的土地归他所有,但我想你不会将全部所有权给予臣民,不管他们所有人对胜利做出了多大贡献。

哲学家:确实如此。我看不出这样做的理由。对于臣民来说,在他们进入这个家族时,没有任何资格在安全之外索要部分土地或任何别的东西;而他们有责任为这个家族贡献全部的力量,如有必要,贡献其全部财富。因为,不可能设想,一个人可以仅靠他自己的力量保护其余所有人;而很显然在征服中,被征服的土地仅由胜利者来支配,由他来掌握,这是惯例。难道不正是约书亚和高级教士这样按其意愿在以色列各部落间分配迦南的土地?难道不是由罗马和希腊的君主和城邦按其判断派遣殖民者到他们所征服的各行省去居住?今天,在土耳其人中间,除苏丹之外还有谁是土地的继承人吗？英格兰的全部土地不也一度都属于征服者威廉国王吗？爱德华·库克爵士本人也承认这一点。因此，这是一个普适的真理：所有被征服的土地，在刚刚胜利后都是征服它们的那个人的土地。

法律家：但你知道，有人说过，所有的主权者都具有双重身份，也即其作为一个人的自然身份（natural capacity）和作为一位国王的政治身份（politic capacity）①。就其政治身份而言，我承认你

---

① 这一区分至少见之于福蒂斯丘，他区分了"政治的"治理与"国王的"治理。在《英格兰的治理》中，他开宗明义地指出："存在两类王国，其中一类的统治（lordship），拉丁文中称为'国王的统治'，另一种被称为'政治的统治'。其区别在于，第一类王国的国王可以根据他自己制定的法律统治其人民，因而他可以随己喜好向其征收税收和其他赋税，而不必征得同意；而第二类王国的国王则不可用人民所同意的法律之外的别的法律来统治他们，因而若无其同意，就不能对其开征任何税收。"[Sir John Fortescue, *On the Laws and Governance of England*, edited by Shelly Lockwood, 中国政法大学出版社（影印本）2003年版，第83页。]在《英格兰法律礼赞》中，他说："因为，英格兰国王不能随心所欲地改变其王国的法律，因为他赖以统治其人民的政府不仅是国王的，也是政治性的。假如他只用某国王的权力来统治他们，他就能够改变王国的法律，也可以不征求其意见而对其征收税收和别的负担；当罗马民法宣称'君王之所欲者即有法律效力'时，所意指的就是这种类型的统治。但政治地统治他的人民的国王却远非如此，因为，他本人不能在不征得其臣民同意的情况下改变法律，也不能对不情愿的人民强加他们所不了解的负担，因而，国王是按照人民自己所期望之法律进行统治的，他们可以自由地享有自己的财物，既不会被国王也不会被他人所抢夺。"（同上，第17页。）他说，圣托马斯曾设想过"构建这样一个王国，在这里，国王不可随心所欲、暴虐地治理其人民，而只有国王的权力受到政治性法律的限制，才能实现这一点。"（同上，第17—18页。）对此观念之经典历史性研究，可参看〔德〕恩斯特·康托洛维茨：《国王的两个身体：中世纪政治神学研究》，徐震宇译，华东师范大学出版社2018年版。

说的，征服者威廉国王是当时英格兰全部土地之正当的、唯一的所有者；但就其自然身份而言却不是的。

哲学家：假如他以其政治身份拥有它们，那就只能为了其人民的利益，而不可视为自己的随意处置；在处置时，要么必须依靠他自己的判断，要么必须依靠人民的判断，也即依据议会法案。但你从哪里看到，征服者在处置其土地［他将有些给了英格兰人、有些给了法兰克人、有些给了诺曼人，他们根据不同的保有而持有之，比如骑士役（knight-service）、农役土地保有（soccage）等］时曾根据议会法案？或者他可曾召集过议会，就处置其从他们那里占取的这些土地而征得英格兰贵族院和平民院之同意？他可曾为了将这样或那样的土地以森林的名义保留在自己手中、供自己消遣或造声势而征得其同意？你也许听说过，有些法律家或者别的被公认为明智的人和善良的爱国者曾经宣称，英格兰国王所占有的全部土地乃是人民授予他们的，目的是令国王们可以其支付战争的费用，给其大臣们支薪；而这些土地是用人民的金钱获得的。由于这些话是在内战后期宣称的，当时，他们从国王手里夺取了赫尔河畔金斯顿镇（Kingston-upon-Hull，英格兰东部港口城市）。但我知道，你不会认为这种妄言是公道的。因此不能否认，征服者威廉国王分发给英格兰人和其他人并且现在他们根据球场特许状及其他不动产转让契据而持有的土地，曾经名副其实地、确实是他的，要不然，现在持有它们的那些人的权利就必然是无效的。

法律家：我同意。你已向我证明了君主制的起源，下面我想听听你对其发展的看法。

哲学家：大的君主国是从小家族发展起来的。首先通过战争，胜利者不仅扩大了其疆域，也扩大了其臣民的人数和财富。至于政治共同体（commonwealth）的其他形态则是通过别的途径扩大的。首先，通过很多家族主人的自愿联合，形成一个较大的贵族政府。接下来，由于叛乱带来最早的无政府状态，而无政府状态给人们带来灾难，生活于那种状态下的人们想迅速地结束它。因此，要么他们会挑选出一位世袭的国王，或者一位选举产生的终身国王；要么他们会同意由若干人组成一个政务会议（council）掌握主权，这就是贵族制；要么由全体人民组成政务会议，这就是民主制。后来，第一种形态的政府，通过战争成长为世界上最大的那些王国，即埃及、亚述、波斯和马其顿的君主制国家；英格兰、法兰西和西班牙这样的大王国也是这样形成的。第二种形态，威尼斯的贵族制政府就是那样形成的。通过第三种方式，也即叛乱，成长为各种大的君主制政府，其形态不断地从一种变为另一种，比如在罗马，反抗国王的叛乱带来了民主制，元老院在苏拉领导下推翻了民主制，人民再次在马略领导下对元老院占了上风，在恺撒和其继位者领导下，皇帝又凌驾于人民之上。

法律家：你是否认为区分自然身份与政治身份是无关紧要的？

哲学家：不。如果主权性权力归一群人，这个政务会议，不管它是贵族制的还是民主制的,都可以拥有土地,但它是以其政治身份而拥有的;因为,自然人是不可对这些土地或其某部分拥有任何权利的。他们可以其政治身份通过多人命令而指挥一次行动,但他们中任何一人的命令都是没有效力的。但当主权性权力归一人时,自然身份与政治身份合于一人之身,就土地的占有来说就是不可分的。然而,就法案和命令而言确实可以做那样的区分。如果君主征得其王国的人民的同意命令什么或做什么,那可以恰当地说他是以其政治身份为之;而如果他只是用口头语言或亲笔签字之信函下命令,或者加盖其私人印章,那就是以其自然身份为之。尽管如此,他的公开命令(public commands),即使是以其政治身份发出的,其源头也在于其自然身份。因为在制定法律时必然要求他的同意,而他的同意乃是自然的。在加盖英格兰国玺(the Great Seal of England)予以通过之国王所做的行动,或者是通过口头予以表示,或者加盖其王玺或私人印章,也是他以其自然身份为之的。但当它们加盖英格兰之玺(the Seal of England)时,那些行动就是以其政治身份为之的。

法律家:我真心认为你的区分是很正确的。因为,自然身份和政治身份无非是指私人权利和公共权利。因而先不管这一点,我们接下来在历史记载所允许的范围内考察一下,我们的祖先的法律和习惯法是什么。

哲学家:撒克逊人,跟未被罗马皇帝征服且未被迫适用帝国法律的其他所有日耳曼人一样,都是野蛮而不信仰基督教的民

十 论关于财产权之法律

族,仅靠战争和抢掠维持生存,而古罗马的一些博学之士也已确认其日耳曼人之名源于其古代的生存之道,日耳曼人和"*hommes de guerre*"(战斗之士)是一个意思。他们对家庭、仆人和臣民的统治是绝对的;他们的法律无非就是自然的衡平原则而已,他们几乎没有或者说根本就没有成文法律;在那些恺撒统治的时代,只有很少的人能写字或认字。统治的权利(right to the government)要么是父子相传,要么是通过征服,或者通过联姻。他们对土地的承继由家族的家长兴之所至地决定,由他生时的馈赠或契据所决定;其在自己生时所不能处置的土地于死后传给其继承人;其继承人是长子,长子如果绝后,则传给幼子;若没有儿子,则传给女儿们,她们共同作为一个继承人,或者在她们中间分配,并以同样方式传给其继承人。子女都死亡,父亲一系的叔叔或母亲一系的舅舅继承其遗产,这取决于该土地是父亲的还是母亲的,并一直传给下一代。这是一种自然的血统继承制(descent),因为很自然地,血缘近,亲属关系就更亲近,按照自然的律法,不仅日耳曼人信奉这一原则,绝大多数民族在其拥有成文法之前都信奉这样的准则。统治的权利,被称为"王权"(*jus regni*),也按同样方式继承,唯一的例外是,在儿子之后,先传给长女和其继承人;原因在于,统治是不可分割的。英格兰仍延续这一法律。

法律家:既然所有土地都由拥有主权的领主拥有,是他自己的财产,那么,臣民是如何对他们的土地拥有所有权的呢?

哲学家:存在两类所有权。一类是,一个人仅由上帝的恩赐而保有他的土地，民法学家将这样的土地称为"自由的"（*allodial*，自主保有的）。在一个王国内，除了国王之外，无人能够拥有这样的土地。另一类是，一个人从另一个人那里保有他的土地，是后者为了获得他对该人的劳役和服从而授予他的，作为其封地（fee）。第一类所有权是绝对的，另一类在某种意义上是有条件的，因为，只有提供某种劳役给那位授予者才能得到那块土地。第一类所有权排除了所有其他人的权利；第二类排除了所有其他臣民对该块土地的权利，但不能排除主权者的权利，假如人民的共同利益需要使用该块土地的话。

法律家： 那么，在这些国王分配他们的土地时，为了供养军队进行战争——不管是侵略性的还是防御性的，或者为了不仅能够具有一位主权性国王的威仪，也足以使他的人格和人身不会被人看轻——会给自己留下多少？

哲学家： 他们会留下足够多。除了他们授予其臣民的之外，他们将大量土地保留在自己手中，作为林地供自己消遣之用。因为你非常清楚地知道，英格兰土地中的很大一部分被授予了王国的大人物以换取其军事劳役，其大多数是国王的亲属或宠臣；这些土地的数量远远多于供养那些人之所需者，他们依照被授予的土地的数量负责供养一个或若干士兵，因而国王在任何时候要抵抗入侵之敌，都不会有兵员匮乏之虞；这些领主有责任在一定时间内自己掏钱供养这些士兵。你也知道，整个国土被分成百户区（hundreds），百户区下又分为十户区（decennaries）。在这些十户区中，所有人，甚至包括年届12岁的孩子，都有义务做效忠宣誓（the oath of allegiance）。你也会相信，根据自然的律法，所有这些通过耕作劳役而保有其土地的人也都有义务以其身体和财富抵御外敌对本王国的入侵。那些被称为"农奴"（villains）的人也是这样，他们通过承担更低贱的工作而持有其土地，其有义务保卫王国直至战死。不仅如此，妇女和孩子，在这样一种紧迫状态下也有义务做其力所能及的劳役，也就是说向那些投入战斗的人搬运武器和食物及挖掘壕沟。那些通过服兵役而获得其土地的人还要承担更大的义务。因为，阅读和分析一下效忠仪式，它记录于爱德华二世17年的制成法中，你当不会怀疑，在那之前、在诺曼征服之前都在使用这一誓词。

法律家：我以我的生命、身体器官和世俗的荣誉，成为你的封臣（man），为我从你那里保有的土地，我将向你做出我的保证（faith）。

哲学家：请你解释一下其含义。

法律家：我想你也会这样解释的：我向你发誓将听命于你，将以我的生命、四肢和我全部的财富来履行这一誓言，因为我接受了你授予我的土地，我将永远忠于你。这就是直接向国王效忠的仪式。但如果一位臣民通过提供类似的兵役而从另一位臣民那里保有土地，那么就会附加一项例外，也即，除我对国王的忠诚之外。

156　**哲学家**：他不是也得起誓吗？

法律家：是的，它被称为"效忠宣誓"（the oath of fealty）：我将对你忠心，按照法律向你提供在限定时间内对你负有义务的农役和劳役（customs and services），上帝和他的全部圣徒会帮我这样做的。不过，这里的劳役和农役后来很快就变成了地租，在英格兰是用货币支付的，在苏格兰和法国是以谷物或别的实物支付的。当劳役是军事性质时，封臣绝大多数都有义务在国王的战争中为国王服役，带着一个或多个士兵，人数多少取决于其保有的土地的均价年值。

哲学家：他们也有义务找马夫或脚夫？

法律家：我没有看到有哪部法律要求任何人为了他的封地而骑马服役。

哲学家：封臣如果被召集，就该亲自服役？

法律家：我认为，一开始他是得这样。因为，如果土地是因军役而授予的，封臣死亡之时，将土地留给其儿子和继承人，领主对该人和土地予以监护，直至该继承人年满21岁。这里的缘由是，该继承人在其年满21岁之前，被推定为没有能力在国王的战争中为国王服役；假如该继承人并无义务亲赴战场，这个理由就不充分了。我想，这一点应当仍然奉为法律，直到别的法律将其予以修改为止。这些劳役连同别的权利一起，比如监护权，对其封臣的遗产的先占权，转让许可，重罪罪犯的财物、土地（如果它们是从国王手中得到的），这些土地第一年的收成——不管他们得自于何人，包括罚没物、罚金和很多别的协助金（aids）——所有这些都不能不算作一笔很大的年收入。除此之外还有国王可以合理地向工匠和商人征收的一切东西，因为国王所保护的所有人，为了得到国王对自己的保护，都应向其贡献。计算了这些之后再来考察，那个时代的国王是否没有足够的资源，为了保卫其人民不受外敌入侵，为了迫使人民维持他们中间的和平而不得不节俭办事（如果上帝不是他们的敌人的话）。

哲学家：继承王位的国王也同样拥有这些权利，假如他们从来没有放弃他们的权利，而他们的臣民也始终信守他们的誓言和承诺的话。这些古代撒克逊人和别的日耳曼民族，尤其是北方各族，是以何种方式制定其法律的？

法律家：爱德华·库克爵士从兰巴德先生所收集并以撒克逊语和拉丁文出版的撒克逊人的多部法律中推论，撒克逊国王为制定法律，会召集贵族和平民，一如今日英格兰所使用之模式。但根据兰巴德先生所编纂之撒克逊法律，看得出来，国王召集的是主教和领地内那些最贤明、最有判断力的人士，然后根据其建议制定法律。

哲学家：我也是这样认为的。在这个世界上，没有一个国王，在自己已到成年且心智健全之后,还会以除此之外的方式制定法律。因为,制定人民所能接受的法律关乎他们自己的利益,可以使人民不至于难以忍受,使他们培养出勇气和力量以保卫国王和国家不受邻国可能的侵略。但怎么能够判明、由谁来决定谁是最贤明、最有判断力的人呢?在我们的时代,要想知道谁是最贤明的人是一件困难的事情。我们都清楚地知道,谁有权挑选郡的骑士,哪些自治市镇可以向议会派遣议员。因此,假如在那个时代也决定了谁是贤明之士,那么,我就会承认,古代撒克逊人的议会和那之后的英格兰议会其实是一样的,而爱德华·库克爵士的说法是正确的。那么,请告诉我——假如你能告诉我的话,现在向议会派遣议员的自治镇什么时候开始这样做的,由于什么样的原因让一些市镇拥有这种特权,而其他镇尽管人口更多却没有。

法律家:我无法说清这一习惯始于何时。但我敢肯定,它要比索尔兹伯里市(Salisbury)的历史更为久远。因为,临近它的一个叫作"老萨鲁姆"(Old Sarum)的地方在议会有两位议员,假如我对一位不知道"自治市镇议员"这个词是什么意思的陌生人提到这个自治市镇,他就会以为它是一对兔子,因为那个地方的样子看起来很像一个兔子窝(cony-borough)。而由此可以推论出一个有益的论点:每个镇的市民都是他们自己的议员的选举人,是他们自己拥有酌处权的事务之裁断者(judges of their discretion);法律,不管其是否审慎,在相反的意见变得显著之前,都应被认为是审慎的。因此可以说国王召集了其领地内较为贤明的人士,必须把这种选举方式理解为现在仍在使用的。由此可以看出,由古代的撒克逊国王召集的规模较大的全体审议会（moots），其性质跟诺曼征服以来所召集的议会相同。

哲学家： 我想你的推理是健全的。因为我不能设想，除了自治市镇市民自己之外，国王或任何别的人能够洞察那些即将派往议会的人是否具有判断力或是否有能力。有关这些自治市镇的风俗习惯，由于保存至今的任何历史记载或档案都未提及，因而任何人都可以自由地提出自己的猜想。你知道，英格兰曾被撒克逊人几度入侵，在几次战争中曾四分五裂，因而在英格兰，一度有好几位国王，而每人都有自己的议会。因而，在每个国王的领地内筑有防御工事的市镇的数量之多寡，决定着国王的议会中自治市镇代表的人数之多寡。但所有这些小王国合并为一个之后，来自全英格兰各自治市镇的代表也就同样合并成同一个议会。可能正是由于这个原因，西部的自治市镇代表人数远远多于王国其他地方，因为西部人口繁盛，也就更痛恨入侵者，由于这个原因，圈入其防御工事范围内的店铺就较多。我想，这可能就是有些市镇拥有向议会派遣代表的特权而有些市镇没有的根源。

法律家： 这个猜测并非没有可能，而由于没有更确定的猜测，它也是可以接受的。不过，既然人们普遍承认，为制定法律，应征得精神贵族和世俗贵族的同意，在古代撒克逊人的议会中，你认为谁是世俗贵族，谁是精神贵族？因为，那本叫作《议会召集方式》(*The mode of holding Parliaments*)的书中记载的召集议会的方式与今天完全相同，而据爱德华·库克爵士说，它成书于撒克逊时代,也即诺曼征服之前。

哲学家:比爱德华·库克爵士更著名的古史研究者塞尔登先生在其《荣衔》(*Titles of Honour*)一书最后一版中说,那本题为《议会召集方式》的著述的成书时间不会早于理查二世朝,在我看来他已证明了这一点。但无论如何,从兰巴德先生所编纂之撒克逊法律中可以看出,一直把一些被称为"郡守"(Aldermen)、"古郡长"(*alias* Earls)的大人物召集至议会。因而你会看到一个贵族院、一个平民院。你在同一本书中也可以看到,后来,撒克逊人接受了基督教信仰,他们中间的主教也参加了那些制定法律的大审议会。于是你会看到一个完美的英格兰式议会,只是当时还没有"男爵",这一称呼是个法国头衔,是与征服者一道传入英格兰的。

附录一　禁止国王听审案[①]

爱德华·库克

詹姆斯一世5年（1607），米迦勒节后开庭期，在御前会议上首次出版于库克的《判例汇编》第十二卷第63页

笔记，11月10日，星期日。本日，国王依坎特伯雷大主教班克罗夫特因为禁审令而发出之抱怨［召开会议］；国王被告知，若争议是由教会法官有管辖权之事务引起的，不管是涉及什一税的制成法之解释，还是任何其他教会事务，或是涉及伊丽莎白女王元年有关高等宗教事务法庭（the high Commission）的制成法，或是在任何无明文规定的法律权威的其他情况下，国王本人可以其君主之身进行裁决。他说，法官只是国王的代理人（delegates）而已，国王可拿过其乐意裁决之诉讼而不让法官做出决定，他可以自己决定这些案件。大主教说，在神看来这一点是显而易见的，据《圣经》中上帝的话，这样的权威是属于国王的。

[①]　译自 Prohibitions del Roy, *The Selected Writings of Sir Edward Coke*, vol. I, edited by Steve Sheppard, Liberty Fund, 2003。

对此我回答说,由英格兰全体法官、财税法庭大法官(Barons of the Exchequer)见证并经其一致同意,国王本人不能裁决任何案件,不管是刑事的,比如叛国罪、重罪等,还是各方当事人之间有关其遗产、动产或货物之类的案件;相反,这些案件应在某些法院中,据英格兰普通法和习惯法来决定和裁决,且须给出判决,因而它应由本法院来裁决。据此,本法院给出了那个判决。国王将其法院放在议会的上院,在那里,他和他的贵族们是高居于所有其他法官之上的最高法官。因为,假如高等民事诉讼法庭(the Common Pleas)犯了错误,王座法庭(the King's Bench)可以撤销之;假如王座法庭出了错误,可由国王在获得宗教和世俗贵族们的同意后,在议会上院撤销之,此时无须下院同意。就此而言,国王被称为"首席大法官",见布吕内尔所作亨利七世20年7a(20 Hen. Ⅶ. 7 a. by Brudnell)。从我们的判例集可以看出,国王可以在星室法院听审案件,但是,对于向他们提出的问题,国王必须与大法官们进行商讨,而不能径自做出判决。因而在王座法庭,国王可以听审案件,但得由该法庭做出判决。我们的判例集经常这样说,在法律判决中,国王永远在场,对此他不可能不胜任;但是,判决永远是由法庭全体(Per Curiam)做出的,法官们已宣誓按英格兰法律和习惯法从事司法活动。议会法案爱德华三世2年法第9条(2 Edw. Ⅲ. cap. 9)和爱德华三世2年法第1条(2 Edw. Ⅲ. cap. 1)也表明了这一点。不管是以国王的国玺(the great Seal)还是以私玺(the little Seal),司法活动都不能被延迟;因此,国王不能从其各法庭拿走任何诉讼,并自己对其做出判决。不过,在涉及其本人的诉讼中,他可以保留该诉讼,见亨利四世11年法

第8条（11 Hen.Ⅳ.cap.8）。法官们告诉国王，在诺曼征服以后，没有哪位国王自己出面在任何诉讼中做出判决，这些诉讼涉及对本王国司法活动之管理，但这些只能在法院中决定。

［库克继续说：］国王不能逮捕任何人，该判例见亨利七世元年法第4条（1 Hen.Ⅶ.cap.4），因为该当事人面对国王是无法得到救济的。因而，假如国王做出判决，该当事人如何得到救济？参见爱德华三世39年法第14条（39 Edw.Ⅲ.cap.14）。一个人在国务会议前请求撤销一个判决，这是完全无用的，因为那并不是一个可以撤销判决的地方，参见亨利七世元年法第4条。首席大法官休斯（Hussey）曾是国王爱德华四世的律师，他报告说，首席大法官约翰·马克哈姆（John Markham）曾对国王爱德华四世说，国王不能因为怀疑某人犯有叛国罪或重罪而逮捕他，因为，假如遭到损害的该当事人遭到了不公正，他无法获得救济。

大主教竟然告诉国王，如前所述，如此绝对的能力和权威，根据上帝的话竟然属于国王，这实在是令人惊奇的，请见亨利四世4年法第22条（4 Hen.Ⅳ.cap.22）。将其翻译成拉丁文意谓：国王的各法庭做出的判决不得被［别的地方］撤销，相反，一个判决始终是有效的，除非它被国王的法庭判决是错误的［而被撤销］，等等。参见《威斯特敏斯特法》第二版第5条（West.2.cap.5）。参见《马尔布里奇制成法》第1条（Stat. de Marlbridge, cap.1），它规定并同意，也承认，不管是大案小案，都可得到并接受国王的法庭做出之判决。也请参见《大宪章制成法》第六版第29条（Stat. de Magna Charta,[6] cap.29）和爱德华三世25年法第5条（25 Edw.Ⅲ.cap.5）。除非是依据判决，任何人不可因为向我们的国王或其咨议会提出的申诉和建议而被逮捕。根据爱德华三世43年法第3条（43 Edw. Ⅲ. cap. 3），根据本王国的古老法律，若不是在法官面前有书面记录事项，或依据正当程序，任何人不得被强迫做出答辩；假如做了任何违反它的事情，在法律上都应是无效的，并应被裁定为错误的，参见出自伦敦塔所藏议会卷宗理查二世17年第10号法案（17 Rich. Ⅱ. act.10）。一起当事人之间的土地争议由国王听审并做出判决，该判决因此而被撤销，这确实属于普通法。

这时，国王说，他认为法律是以理性为基础的，而除法官以外，他和其他人也一样具有理性。

对此我的回答是：确实，上帝赋予了陛下以卓越知识和高超天赋；但陛下对英格兰国土上的法律并无研究，而涉及陛下臣民生命或遗产或货物或财富之案件，不应由自然理性，而应依技艺性理性、据法律的判断来决定。而法律是一门需长时间学习和历练之技艺，只有在此之后，一个人才能对其有所把握。法律就是用于审理臣民之案件的金铸的标杆[量杆]和标准，它保障陛下处于安全与和平之中，正是靠它，国王获得了完善的保护。因此我要说，陛下应受制于法律，而认可陛下的要求则是叛国。对我所说的话，布拉克顿曾这样说过：国王不应受制于任何人，但应受制于神和法律（*Quod Rex non debet esse sub homine, sed sub Deo et Lege*）。

附录二 《利维坦》第二十六章"论国家法"[①]

霍布斯

何为国家法[②]

关于国家法,我将其理解为,人们因为自己是具体的彼政治共同体(commonwealth)而非此政治共同体之成员——非无所特指之政治共同体成员——因此而有义务遵守之法律。因为,关于具体的法律之知识属于那些以研究各政治共同体法律为业之士,但一般的国家法知识则属于一般人。罗马古代法被称为其"市民法","市民"一词源自"*civitas*",就是"政治共同体"[城邦]之意:有些国家在罗马帝国管治之下并由该法治理,依然保留了该法中自认为合适的那部分,乃称此部分为"[罗马]市民法",以

---

① 翻译时参考了黎思复、黎廷弼的译文(《利维坦》,商务印书馆1995年版)。
② 原文为"civil law",通常意思是指罗马"市民法",晚近以来更是指"民法"。《利维坦》中文译本译为"民约法(市民法)",但更恰当的意思是国家法,即国家、城邦等特别为其自身制定且仅适用于其疆域内的法律。

区别于其国内法中其他部分。不过,这些讨论不是我的意图,我的目的不是揭示这里或那里的法律是什么,而是揭示法律是什么,就像柏拉图、亚里士多德、西塞罗及进行过同样探究的人士所做的那样,他们也都不以研究具体法律为业。

首先,可以明显看出,总的说来,法律不是建议(counsel)而是命令;不是随便一个什么人对人的命令,这种命令是颁发给以前就有服从他的义务之人的。至于国家法,只是加上了发布命令的人的名字(persona civitatis),也即政治共同体的人格(the person of the commonwealth)。

考虑到这一点,我对国家法定义如下:国家法是针对每个臣民的、由政治共同体通过语言、文字或别的足以表示意志之符号命令于他的规则,用以分辨正当与不当,也即什么违反这些规则而什么不违反规则。

在上述定义中,没有一样不是一目了然的。因为人人都清楚,有些法律是针对全体臣民的,有些是针对某些省份的,有些是针对某个行业的,有些是针对具体一些人的;因而,法律只对其命令所针对之人而言是法律,对除此之外的别人则不是。法律也是关于正义与不正义的规则,而未悖于法律者无一不是不正义的。还有,除国家外,没有任何人能够订立法律。因为,我们的臣服是仅对国家而言的;那些命令则应由足够明确之符号表示出来,否则的话,人们将不知道如何遵守它们。总之,我们从这个定义中、按照必要逻辑推论出来的任何结论,便应被认可为真理。下面,我就推论如次:

主权者是立法者

1. 在所有政治共同体中，立法者只能是主权者。在君主制下，此主权者是一个人；在民主制或贵族制下是一群人组成之议事会。因为立法者就是制定法律之人，而唯有国家可明确规定我们称为法律的东西并命令人们遵守之，因而这个政治共同体就是立法者。但政治共同体不是人，没有做任何事情的能力，而只能由其代表者（也即主权者）去做，因而该主权者就是唯一立法者。由于同样原因，除主权者之外，没有任何人能够废止一部已订立之法律；因为除了借助另一部法律禁止继续执行该法律之实施外，一部法律是不能被废止的。

主权者不受国家法约束

2. 一个政治共同体的主权者，不论其为议事会还是一个人，都不受其国家法之约束。因为他拥有订立和废止法律之权，可随其意通过废止给他带来麻烦的这些法律并订立新的法律，从而使自己不受其约束；所以，他在此之前就是自由的。因为一个人能随其意而不受约束，他就是自由的。一个人自己约束自己是不可能的，因而，他若能对自己施加约束，当然也就能解除该约束。故仅受自己约束的人其实是不受约束的。

法律不是由于时间的久远而是由于主权者的同意才有其效用

3. 若长期的适用赋予了某一法律以权威,则形成该权威的并非时间之悠久,而是主权者默许其适用之意志(因为沉默有时也表达了同意的立场);在其不复为法律时,主权者也可通过沉默表达其意志。因而,假如主权者不以自己当下意志而以从前制定之法律为其某个权利之基础,则时间悠久并无损于其权利;但该问题应根据衡平原则(equity)予以判断。因为,很多不正义的行为与不正义的刑罚是在超出人们记忆之时即不受控制的。我们的法律家不把那些不合乎理性之习惯算作习惯法,不良的习惯是应予废除的。但什么是合乎理性的、什么是应予废除的,只能由创制法律者来判断,他就是拥有主权的议事会或君主。

自然法与国家法互相包容

4. 自然法与国家法互相包容,且其范围相同。因为,由衡平、正义、知恩图报及依赖于此的其他美德所组成之自然法,在纯粹自然的条件下(如我在第十五章末所云)都不是真正的法律,而是使人倾心于和平和服从之道德品质。而国家一旦建立,它们就真正成为法律,此前则不是;因为只有那时,它们才成为政治共同体之命令,因而才成为国家法。迫使人们遵守它们的乃是主权者。人心各异,因此,宣布何为衡平、何为正义、何为美德,并使人们受其约束,需借主权性权力来规定,主权性权力还需规定对于违反它们的惩罚措施,这些规定因此就是国家法之组成部分。

在这个世界的所有政治共同体中,自然法都是国家法的组成部分。反过来也可以说,国家法乃是自然的诫命(dictates of nature)之组成部分。因为,正义也即履行盟约及给每人以属于自己者,乃是自然的律法的一条诫命。而在政治共同体中,每一臣民都已立约承诺遵守国家法(若他们是通过聚会推举出一个代表的话,就是彼此立约;若他们是被刀剑征服,则是一个一个与那代表立约,承诺臣服他,以保全其生命)。因而,服从国家法也就是自然法的一个组成部分。国家法和自然法不是不同之物,而只是法律的不同部分而已。其中一部分是成文的,被称为国家法;另一部分是不成文的,那就是自然法。但自然权利即人的自然的自由(natural liberty),可以被国家法所削减和限制。不仅如此,制定法律之目的不是别的,就是旨在强加这种限制;若无此种限制,就不可能有任何和平。法律带给这个世界的不是别的,就是限制各人之自然的自由,以使其不会互相伤害而是彼此协助,联合起来抵御共同的敌人。

各行省的法律不是由习惯确定的,而是由主权性权力制定的

5. 如果一个国家的主权者征服了本来生活在另一套成文法之下的民族,后来仍根据该法来治理他们,因而他们仍跟从前一样受那套法律之治理。但此时,这套法律已成为那位征服者的国家法,而不再是已被征服的那个国家之国家法了。因为,立法者不是法律最初借其权威而确定的那个人,而是依靠其权威使之继续成为法律的那个人。若在一国疆域内有多个行省（provinces）[①]，在这些行省有不同法律，它们常被称为各行省的习惯。我们不可认为这些习惯是仅靠时间久远而得其效力的；相反，它们在古代就是成文法律，或已被公知为其主权者之基本法律和制成法。它们现在之仍为法律也不是由于长期的因袭相沿，而是由于它们现在的主权者之规定。但假如一部不成文法律在某一疆域内的所有行省都被普遍地遵守，且在其适用中没有出现不公道，那么，该法律就不是别的而是一条自然法，对整个人类都有约束力。

有些法律家关于法律之订立的愚蠢看法

6.既然所有的法律，不论成文的、不成文的，都是由政治共同体的意志，即由其代表的意志获得其权威和效力的，在君主国中该代表就是君主，在别的国家中则是拥有主权的议事会；据此，人们可能对以下看法不免感到惊讶，这些看法或直接见之于有些政治共同体的著名法律家著作中，或可从中推论出来：他们使立法权仰赖于个人或"下属法官"（subordinate judges）[②]。比如有这样一种看法：普通法没有控制者，唯议事会除外。这样的话只在下面的地方是正确的：在这里，议事会拥有主权性权力，除它自己的裁量外，不可能被召集，也不可能被解散。在别的地方，如果存在一种解散它们的权利，也就存在一种控制它们、进而控制它们

[①] 在欧洲，这种行政区一般都是通过征服而形成的。
[②] 意谓由国王所委任的法官。在霍布斯看来，主权者就是最高法官，专业法官自然就是从属性的。

的控制权的权利。而如果不存在这样的权利,那么法律的控制者就不是议事会,而是在议事会中的国王(rex in parliamento)。在议事会是主权者的国家,如果由于某种原因,它们总是不能从臣服于它们的各地召集广泛的、贤明的人士,那就不会有人相信,这样的议事会已具有立法的权力。还有一种说法:国家的两臂是暴力与正义;其中前者由国王掌握,后者掌握在议事会手中。仿佛暴力掌握在随便什么人手中,而正义没有命令和治理的权威,也能组成一个国家似的。

爱德华·库克爵士论利特尔顿(同上第二卷第六章,第97折页)

7. 我们的法律家也同意法律绝不能有悖于理性;法律不是那些条文规定本身(也即对它的各种解释),而是合乎立法者之意图的东西。这是正确的,但问题是,法律之被承认为法律者是谁的理性。它不是指任何私人的理性(private reason);因为如果那样的话,法律就会充满矛盾,就像经院哲学一样。它也不是(如爱德华·库克爵士所说的那样)经过长期的研究、观察和经验(就像他那样)而获得的理性的技艺性完美成就(artificial perfection of reason)。因为,长期研究可能会促成和肯定错误的判决;如果地基没打好,则建得越高,坍塌愈烈。那些投入了同样时间且同样勤奋地进行研究和观察的人,其所得到的理性和解决方案,是且必然是各不相同的,因而,制定法律的不是普通法法学(juris prudentia)或处于从属地位的法官的智慧,而是我们的人造人(artificiall man)——国家——的理性,即他的命令。代表国家的只是一个人,由此法律中就不可能出现任何矛盾;即使出现了矛盾,他的理性也能借助解释或修订而将其消除。① 在所有的法院中,进行裁判的就是主权者(他是国家的人格化身)。处于从属地位的法官应尊重主权者的理性,这种理性驱使他的主权者订立了法官赖以做出判决之法律。因而法官的判决就是主权者的判决;否则的话,判决就是法官自己的判决,因而也是不公正的判决。

法律虽已制定但未被公告,也不是法律

8. 法律乃是命令,该命令宣布或显现以语言、文字和别的具有充分表达力之方式发布命令的人之意志。由此我们可以明白,国家的命令只对那些有办法知晓它的人是法律。对于天生的傻子、孩子或疯子是无所谓法律的,就如同对野兽一样,无人能给他们安上正义或不正义这样的判断,因为他们根本没有能力订立盟约或理解盟约的后果,因而也就根本不能承担授权主权者采取行动之责任,而要使他们结成一个政治共同体是必须这样做的。那些由于天生资质或由于意外而丧失了知晓法律之能力的人,还有那些由于意外而非由于其过错而无法知晓具体法律之人,假如没有遵守法律也是可以原谅的,准确地说,该法律对他而言尚非法律。因而在这里就需要考虑,什么样的迹象和符号足以使人们知道法律是什么,也即主权者的意志是什么,不管是在君主制下

---

① 其实,爱德华·库克爵士和马修·黑尔爵士所说的司法技艺理性并非纯粹私人的理性,而是作为一个过程的理性,或者说是普通法法律家群体在历史过程中所形成的理性。

还是在别的政府形态下，都是如此。

不成文的法律都是自然法

首先，如果一条法律毫无例外地约束所有臣民，而又是不成文的，也没有在人们可知晓它的地方予以公布，它就是一条自然的律法。因为，人们知道它为法律，不是根据其他人的说法，而是每人据其理性知晓的，这样的法律是所有人的理性都予以认可的。除自然法外，别的法律不可能是这样的。因而，自然法是不需公布、不需布告的，它体现于下面这句全世界都同意的话中：己所不欲，勿施于人。

其次，如果一部法律只约束处于某些条件下的人或某一具体的人，而又是不成文的，那么它也是自然法，它是根据那些将处于这种条件下的人与别的臣民区别开来的迹象和符号而为人知晓的。因为，法律如果是不成文的，或由使之成为法律的人以某种方式公布，而除了应遵守它的人的理性之外，人们不可能通过别的渠道知晓，那么，它就不仅是国家法，也是自然法。比如，主权者雇用一位公共事务官员，而未发布他该做什么的成文指令，他就有义务遵行理性的诫命之指导；如果主权者任命了一位法官，该法官就应注意其判决当合乎主权者之理性，这一理性应永远被理解为衡平，而根据自然的律法，他必须遵从它。或者如果主权者任命了一位大使，他（在所有他的成文指令所未涵盖的事务中）得将理性认为最有利于其主权者之利益者接受为指令。主权者所任命的其他官员均须如此，不管是公共事务大臣，还是其私人事务大臣。自然理性的所有指令可被囊括在忠诚（fidelity）概念之下，它是自然正义的一个分支。

使之为每个有义务遵守它们的人所知晓，通过语言、通过文字或者通过别的方式，知道其出自主权者的权威，乃是所有其他法律之本质所在，只有自然法除外。因为，另一个人的意志，除非借助其本人的语言或行为，或通过由其意图和目的而得出之推测，是不可能被搞明白的；而国家的人格化身之意志应永远被认为是合乎衡平和理性的。在古代，在文字广泛使用之前，法律常被编成歌谣。村野之人乐于歌唱或朗诵，从而可以轻易记住它们。基于同样的理由，所罗门建议一个人把十诫系在十指上（《旧约·箴言》7：3）。摩西在重新订约时授予以色列人法律，并吩咐他们"教训你们的儿女，无论坐在家里，行在路上，躺下，起来，都要谈论；又要写在房屋的门框上，并城门上"（《申命记》11：19），"要招聚他们男、女、孩子……使他们听……"（《申命记》31：12）。

立法者不能为人公知的法律就不是法律／核实与授权的区别

法律仅仅被明文规定并被发布是不够的，还必须有显著的迹象表明它出自主权者的意志。因为，私人假如具有或者以为自己具有足以实现其不正义意图或其野心勃勃的目标时，也可能将其所中意者发布为法律，而无视甚至违反立法者的权威。因而，不仅需要对法律予以宣告，也需要足够的迹象指明其制定者及其权威。在每个国家，制定者或者说立法者都被认为是显而易见的，因为他就是那个主权者，他是经由每个人的同意而合法设立的，每个人都认为他是足以为人所知的。由于大多数人的无知和漫不经心，当关于其国家之最初建立的记忆消退之后，他们就不再考虑是依靠谁的力量保护自己不受其敌人之侵害、使其努力成果得到保护并在其受侵害时得到补偿的；但是，凡考虑过这个问题的人都不可能对这一点产生怀疑，因此，若不知道主权者在何处是不能被原谅的。下面一点是自然理性的一条诫命，因而也是一条显而易见的自然法：任何人都不应削弱那种他可对其提出要求或心甘情愿地接受的保护自己、对抗他人的那种力量。因此，对于谁是主权者是不能有任何疑问的，如果有疑问，那也是他自己的过错（不管坏人说些什么）。难题在于源自他的权威之证据。解决这一难题，依靠人们对公共文书查阅处、公共顾问、公共官员和公章的知晓；借助这些，全部法律都可获得充分核实（verifyed）。我说的是核实而非授权，因为核实只是对法律的证明和记录，而不是法律的权威；法律的权威仅由主权者的命令构成。

法律由下属法官核实

因而，如果一个人遇到依自然法——公认的衡平原则——遭到伤害的问题，根据委任状拥有对此案司法管辖权之法官的判决，就在该个别案件中充分地核实自然法。因为，尽管以研究法律为业之士的建议对避免争执是有用的，但它只是建议而已。而法官却必须告诉人们他据以审理该争议之法律是什么。

借助公共文书查阅处

如果问题是根据成文法［而确定］的伤害或犯罪，那么每人都可在造成这种伤害或从事该犯罪之前，由自己或他人到公共文书查阅处充分地弄清（只要他愿意）它究竟是不是一种伤害；不仅如此，他还应当这样做。因为，若一个人怀疑他将要采取的行为究竟是否正义，如果他愿意，他自己是可以弄清的。这样做并不违法。这样，他若认为自己在成文法所确定的某一情况下遭到了伤害，对此，他本人或他人都可以弄清并考虑；如果他在查阅法律之前就提起诉讼，他的做法就是不恰当的，将会暴露出他的目的与其说是主张自己的权利，不如说是给别人添麻烦。

借助特许状和公章

如果所讨论的是顺服一位公共官员，那就要求查看其盖有公章的委任状，并听其将它读出来，或者如果愿意的话，要求查看其他令旁人知道其官职且足以作为其权威之证明的东西。因为，每个人都有义务尽其最大努力通晓可能与自己未来活动有关的全部成文法。

对法律的解释仰赖主权性权力

立法者被人公知；法律，要么是通过文字，要么是借助于自然的启示而得以充分的发布；除此之外，还需另一重要条件才能使之具有约束力。因为，法律的实质不在于其条文，而在于其意图或含义，即对法律的正确解释（它是立法者的认识）。因此，对所有法律的解释都仰赖主权性权威，这解释者只能是主权者（臣民唯一应服从的就是他）所委任的人。如果不是这样，由于解释者的狡计，法律就可能被弄得其意思完全有悖于主权者；这样一来，那解释者也就成了立法者。

所有法律都需要解释

所有法律，不论是成文的、不成文的，都需要解释。不成文的自然法，尽管只要没有偏心、没有激情，只要运用自然的理性就很容易进行解释，因而对违犯它的人不能给予原谅；但是，鉴于几乎很少有人抑或没有人敢说不会在某些情况下被其自爱或者别的什么情感所遮蔽，于是，自然法就成为所有法律中最为含糊不清的了。因而，这里最需要能干的解释者。成文法如果比较简短，也容易因为一个或两个字的歧义而被曲解；如果篇幅较长，就更会被很多字词的歧义搞得含糊不清。因此，在对其终极因（the final causes）——法律正是为此而制定的——不能给予完美理解的情况下，任何成文法，不管其篇幅长短，都不可能得到正确的理解；而终极因的知识存在于立法者那里。因此对他来说，法律中不可能有任何结是解不开的；或者是通过寻找线头，拉住它来解开，或者是运用立法的权力，确定他所乐意的线头（就像亚历山大大帝用他的剑砍断戈尔丁之结那样），而这是其他解释者做不到的。

学者的解释不是对法律的正宗解释

在一个国家中,对自然法的解释不依靠道德哲学的著述。学者的权威,假如没有国家权威之助,不能使其意见成为法律,不管其意见是多么正确。我在本书中就道德及其对于获得和维持和平之必要性所写的东西,尽管显而易见都是真理,却并不因此现在就是法律;[自然法之所以会成为法律]而是因为,在这个世界上的所有政治共同体中,它都是国家法的一部分。因为,尽管它自然而然地就是合乎理性的,但只有依靠主权性权力才能使之成为法律。不然的话,将不成文的自然法称为法律,就像我们在很多已出版的著作中所看到的那样,就是一个重大错误,在这些著作中,我们看到了那么多彼此相互矛盾及自相矛盾之处。

在每一具体案件中做出判决的法官是法律的解释者

由主权性权威所合法设立、审理和裁决那些因自然法引起的争议之法官所做出的判决,就是对自然法的解释,该判决是将该[自然的]律法适用于眼前的案件。在这样的司法活动中,法官所做的无非就是周详考虑当事人的要求是否合乎自然的理性和衡平原则;因而,他做出的判决就是对自然法的解释,这种解释是正宗的。不是因为这是他个人的判决,而是因为他是根据主权者的权威给出的判决,据此,该判决就成为主权者的判决;而对提起诉讼的当事人来说,此刻,它就是法律。

法官的判决不能约束他或别的法官在以后类似案件中必须做出类似判决

由于任何下属法官或主权者可能在衡平判断中犯错误，因此，假如后来他在类似案件中发现给出相反判决更合乎衡平原则，他就有责任这样做。任何人的错误都不能成为他自己的法律，也不能约束他坚持它。（由于同样的理由）它也不能成为其他法官的法律，即使他已宣誓遵行它。因为，主权者的权威给出了一个错误的判决，假如他知道并承认了它，那么，对那些可以改变的法律而言，他就是在所有细节都相同的案件中制定了新法律；而就永恒的法律——自然法就是这类法律——而言，对于后来面对类似案件的同一法官或别的法官来说，它们不是法律。君主代代更替，法官你往我来，甚至天地也有毁灭之期，但没有一条自然法会过时失效；因为它是上帝的永恒的律法。因而，以前法官所做出的全部判决，即使全部加起来也不能制定出一条有悖于自然的衡平之法律；以前法官的任何例子都不能为一个不合乎理性的判决做担保，不能免除本案中法官从其自身自然理性之诸原则出发研究何为衡平（在他所要裁断的案件中）的功夫。举例来说，惩罚无辜者就是有悖于自然法的，无辜者就是在司法程序上洗脱自己而被法官承认为无辜之人。举个例子，一个人被控以死罪；而鉴于他的一些对头的权力和恶意，又鉴于法官的腐败和偏私，他想到这结果就很害怕故而逃跑了，后来被抓获，并接受司法审判，而有充分证据表明他并没有犯下那项罪，于是被开释；然而，他却被科以罚没财物。这显然是对该无辜者定罪。因此我要说，这个世界上不可能有一个地方把以前法官就同样案件做出的判决视为对自然法的解释或确定为法律。因为第一次做出裁决的那位法官就裁决不公，而不公正是不能成为后来法官做出裁决之榜样的。成文法可以禁止无辜者逃跑，也可以因其逃跑而惩罚他；但由于害怕受伤害而逃跑，而在已宣布从司法上免于追究犯罪之后却仍然推定该人有罪，这是有悖于法律推定（presumption）之性质的，在判决已做出后，法律推定就没有存在的必要了。但一位伟大的英格兰普通法法律家①却竟然规定了那样一条。（他说）假如一个人是无辜的，被控以重罪，由于害怕该罪而逃跑。尽管在司法上已不追究该重罪，但如果查明他是因该重罪而逃跑的，那么，即使他是无辜的，也要罚没其全部财物、牲畜、债权和职务。因为就上述财物的罚没而言，对于以其逃跑为依据做出的法律推定，法律并不认可反对它的证据。在这里，我们看到，一个无辜者，司法程序已经宣告其无罪，尽管他是无辜的（在没有成文法禁止他逃跑的情况下），在他已被宣告无罪之后，却基于一个法律上的推定，被宣判罚没其所拥有之全部财物。如果法律根据对一项事实（它是死罪）的推定而认定他是逃跑，那么刑罚就应当是死罪；假如该推定并不是关于该事实的，那么，他是因为什么而丧失其财物的呢？因此，这并不是英格兰的法律，这个罚没的判决不是基于一项法律推定之上而是以法官的推定为依据的。说反驳法律推定的证据不会得到承认，也是有悖于法律的。因为，所有法官，不管是至高无上的，还是从属性的，假如他们拒绝听

---

① 指爱德华·库克爵士。

取证据，也就是拒绝主持正义。因为，即使判决是正义的，但做出判决的法官不听取提出的证据，就是不公正的法官；他们的法律推定就只是偏见而已，任何人都不应将其带到法官席上，不管先前的判决是什么，或者他声称自己所遵奉的典范是什么。由于信赖先例而使人的判断被颠倒，这类性质的事情在别的领域也有；但它已足以证明，尽管法官的判决是提起诉讼的当事人之法律，却不是将会继任其职位的法官之法律。

同样，如果讨论的是成文法的含义，为其撰写释义[①]（commentary）的人，也不是其解释者。因为，释义常比条文更易遭人挑剔，于是就需要再进行释义，这样的解释就没有个尽头。因此，如果没有一位由主权者所授权的、下属法官不得违背的解释者，那么，解释者除了是普通法官之外就没有别人了，就像在由不成文法引起的案件中那样，他们的判决被诉讼当事人视为在具体案件中的法律，却不能约束其他法官在类似案件中必须给出类似判决。因为，法官甚至在解释成文法时也可能出错，而下属法官的任何错误都不能改变法律本身，因为法律乃是主权者的概括性判决（general sentence）。

[①] 历史上，释义常有一定程度的法律约束力。普通法的法律体系大体就是几位伟大法律家的释义建立起来的，比如爱德华·库克爵士的"Institutes"、布莱克斯通的"Commentaries on the Laws of England"。这在某种程度上是"学者造法"。中世纪罗马法学家们的释义被欧洲大陆各地法官奉为法律。在两汉、魏晋南北朝时期也有发达的律学传统，学者们对于律的释义被承认为具有一定法律效力。

法律的条文与判决的区别

在成文法中,人们习惯于区别法律的条文与判决。说到条文(the letter)时,指的是单纯通过字句本身可以了解的东西,它是可以很好地辨明的。因为,几乎所有词的所指都是暧昧不明的,不管就其本身而言,还是就其比喻性用法而言;由其字词可以推论出很多意思;但该法律的意思却是唯一的。但如果说"条文"时指的是字面意思,那么,法律的条文与法律的判决或意图就是完全相同的。因为,字面意思就是立法者所意图者,应当就是法律条文所表达者。而立法者的意图始终可以被认为是衡平原则,因为,法官若对主权者有别种看法,将是一种严重的冒犯。因此,如果法律的规定并未完整地规定一个合理的判决,他应以自然法补充之;或者假如案件难以裁断,就应暂缓做出裁断,直到获得更多权威。比如,一部成文法规定,一个人被暴力逐出其房屋,他可借暴力返回。可能会出现这种情况:一个人由于过失而让自己的房中空无一人,返回时却遭到暴力拒绝,对此情况,没有具体法律予以规定。很显然,这种情况包含在该法律之中;否则的话,他就根本无法得到救济,而这应被认为有悖于立法者意图。再举一个例子:法律条文命令法官依证据做出裁决,一个人被诬告一项事实,法官本人知道该事实系他人而非被指控之人所为。在此情况下就不能按法律条文判定那位无辜者之罪,法官也不应不顾证人的证词径行做出判决,因为法律条文恰恰相反;此时,他应请求主权者让另一人做法官,他自己充当证人。这样,遵行成文法的字词本身所带来之不便将引导他探究法律意图,而据此做出更好解释；任何不便都不能为违反法律之判决做担保。因为，判断正当与不正当的法官不是判断什么对国家便利或不便之法官。

法官所需要之能力

一位优良的法律解释者，也即一位优良的法官所需之能力不同于律师所需之能力，也即，不是研究法律的能力。因为，法官应关注事实，而事实来自证人而非旁人；他也应通晓法律，它源于主权者之制成法和基本法律而非别的，是那些据以提起诉讼或由一些从主权性权力那里获得向其宣布法律的一些人宣布于他的法律。他不需要事先知晓他将要裁断的案件。因为，关于事实他将说些什么，将由证人提供给他；而在法律方面他将要说的，来自于那些将会在其答辩中展示法律的人，而由权威当场予以解释。英格兰议会之贵族是法官，最难的案件将由他们审理、裁断。但他们中只有少数人花时间研究过法律，以此为业者更少；尽管他们也向法律家咨询意见，这些法律家就是为此目的而被指派于此的；但只有他们具有做出判决的权威。同样，在有关权利的一般案件的庭审中，十二位普通人就是法官，并做出判决，不光就事实问题，也就正当与否做出裁断。完全由他们做出有利于原告或被告的判断，也就是说，他们不仅是事实的裁断者，也是正当的裁断者。对于犯罪，他们不仅裁定是否犯罪，也裁定它究竟是谋杀、自杀、重罪、威胁等，这是法律所决定的。但由于人们认为他们自己并不知道法律，于是，就有一个人拥有告知他们在其所要裁断的具体案件中之法律的权威。但他们即使不按该人告诉他们的做出裁断，也不会因此遭受任何惩罚，除非有证据表明，他们是违背良心做出那裁断的，或收受了贿赂。

造就一位优良法官或者说优良法律解释者的东西，首先是他对首要的自然法即衡平原则的正确理解，这不取决于对他人著述的研读，而有赖于一个人自己的自然理性之优良和深思，而大体可以推定，在那些最悠闲也最好学深思之士那里，这一品质最突出。其次，看淡利禄。第三，在做出判断时能使自己摆脱一切恐惧、愤怒、憎恶、爱和怜悯的影响。第四也即最后，审理时有耐心，听证时集中注意力，还得有留存、分类和运用自己所听到的东西之记忆力。

法律的分类

那些研究法律的人按不同方法、从不同角度对法律进行区别和分类。这些区分和分类不是根据法律的性质而是按照作者的宗旨进行的，也取决于各人的方法。在优士丁尼的《法学总论》中，我们看到了七类国家法[①]：

1. 君王，也即皇帝的诏令、宪令和批复（the edicts, constitutions,

---

① 霍布斯对这七类法源的复述，与《法学总论》的次序存在较大差异。法学总论的次序依次是：法律，平民决议包括在法律中，元老院决议，皇帝的政令，裁判官告示，法学家解答，习惯。而且《法学总论》也没有强调法律、元老院决议、裁判官告示等系因皇帝未予废除始具法律效力。根据《法学总论》，它们自身从人民、元老院、裁判官等造法主体的权威里得到其法律效力。

and epistles）；因为人民的全部权力都在他手中。与其对应的是英格兰历代国王之敕令（the proclamations）。

2. 全体罗马人民（如果其由元老院提交表决，则包括元老院）的法令（the decrees）。这些法律最初由存在于人民手中的主权性权力所制定；其中一些未被皇帝取消，帝国权威仍保留其为法律。因为所有具有约束力的法律都应被理解为根据有权废止它们的人的权威而成为法律的。与这些法律相对应的东西就是英格兰的议会法案。

3. 平民（不包括元老院）的法令，此时它是由保民官提交表决的。因为这些法律没有被皇帝取消，根据帝国权威仍为法律。与此对应的就是英格兰平民院的命令（the orders）。

4. 元老院决议（senatús consulta），即元老院命令，因为随着罗马人民的数量日益激增，召集他们开会有所不便；皇帝觉得征询元老院的意见比征询人民的意见更为合适。这些多少对应于英格兰的咨议会法案（the acts of council）。

5. 裁判官告示（the edicts of prœtors），在有的案件中是营造官（the Ædiles）告示，他们相当于英格兰各法院的首席大法官。

6. 法学家解答（responsa prudentum），这是那些由皇帝赋予解释法律之权威的法学家们的判决和法律意见，是他们应咨询其意见的人士之请、就法律问题给出的回答；根据皇帝的宪令，法官在做出裁决时应遵守这些回答。这些应相当于《已决案件判例报告》，假如英格兰的法律要求其他法官也遵守它们的话。因为英格兰普通法法官不是名副其实的法官，而是法律家（juris consulti）；法官则要么是贵族院，要么是当地之十二个人，这些人会就法律问题向法官咨询意见。①

7. 还有，不成文的习惯（就其自身性质而言是法律的仿制品），是由皇帝默许的，在无悖于自然法的情况下就是法律本身。

对法律的另一种分类，是将其分为自然法与制成法（natural and positive）。自然法就是那些永远都是法律的律法，不仅被称为自然法，也被称为道德律（moral laws）；它包括正义、衡平原则之类的美德，也包括心智中一切有益于和平与仁爱的习惯，对此，我在第十四章和十五章已经谈过了。

制成法就是那些并非来自永恒而是由那些对于他人拥有主权性权力的人之意志使之成为法律的那些法律。它们或者是成文的，或者由其订立者之意志的其他表现形式而为人们所公知。

法律的另一种分类

而在制成法中，有些是人法，有些是神法。在人定的制成法中，有些是分配性（distributive）的，有些是刑事性的。分配性的就是那些决定臣民权利的，向每人宣布其据以保有土地、财物之权利或行动之权利或自由的规则，这些指的是全体臣民。刑事性的［制成法］则宣布，那些违反了该法律的人将遭到什么样的刑罚，它是对那些被指派执行它的大臣与官员说的。因为，尽管每人理应事先获知违反法律所将受之刑罚，不过这命令却不是发布

---

① 注意，霍布斯在这里否定普通法法官是法官，他不承认普通法法官是案件的裁断者，但在前面，他却将衡平法法官视为真正的裁断者，是法律（包括自然法与成文法）的解释者。

给违法者的（不能设想他们会诚心地惩罚自己），而是对受托监督该刑法之执行的政府执法官员说的。这些刑法中的大多数跟分配性法律编在一起，有时被称为"判决"（judgments）。因为，所有的法律都是概括性判决（general judgments），或者说是立法者的裁断；而每一具体判决则是案件所涉当事人之法律。

如何使神定的实在法被人们公知为法律

神定的制成法（因为自然法是永恒的和普适的，都是神法）乃是上帝的诫命（the commandments）（但它们却不是亘古即有的，也不是普遍地针对所有人的，只是针对某个民族或某些人的），是由上帝授予宣告它们之权力的人士所宣告的。但怎样才能知道宣告这些实在的上帝律法是什么之人的这种权威呢？上帝可能通过某种超自然的方式命令一个人向其他人宣布法律。但是，有义务遵守法律的人却确信，宣告它的人的权威是此法律之实质所系，而我们又不可能自然地知道它是来自上帝的，那么，一个人如果没有得到超自然的神启，怎样确信宣告者所接受之神启呢？他又怎能有义务遵守它们呢？对第一个问题，要一个未能得到具体地针对他的神启之人确信另一人的启示，显然是不可能的。因为，一个人确实可能基于下列原因而相信这样的神启：看到某人所行的神迹，或看到其生活异乎寻常地圣洁，或看到其异乎寻常的智慧，或看到其行动总是非常幸运，而所有这些都是上帝格外眷顾的标志；尽管如此，这些也不是特殊的神迹之可信证据。神迹是令人不可思议的行为，但一个人眼里不可思议的事，另一个人却未必觉得不可思议。圣洁可能是假装的,而这个世界上看得见的幸运通常是上帝借助于自然的、普通的原因带来的结果。因而,没有一个人能够丝毫不差地根据自然理性知道另一人得到了上帝意志的超自然启示。这只能是一种信仰,而每人的信仰(按照迹象是否明显)则或强或弱。

但关于第二点,他怎能有义务遵守它们,这倒没有那么难。因为,如果被宣告之法律并不有悖于自然法(它无疑是上帝的律法),他也承诺遵守它,也就受他自己的行为之约束。我是说有义务遵守它,而没有说有义务相信它;因为,人的信仰和内在的沉思是不受制于命令的,而只受制于上帝的普通的或异乎寻常的活动。对超自然法的承诺不等于履行它,而只是同意它。它并不是我们对上帝必须履行的一项义务,而是上帝情愿赐予他所喜悦之人的一种恩惠。不信仰并没有违反他的律法,而是拒绝领受除自然法之外的上帝律法。我说的这些,借助经书中有关这一点的例子和证据将会看得更为清晰。上帝与亚伯拉罕所订的约(以超自然的方式)如下:"这就是我与你及你的后裔所立的约,是你们所当遵守的"(见《旧约·创世记》17:10)。亚伯拉罕的后裔没有得到这样的启示,他们当时还未来到人世呢;但他们是这约的当事人,有义务遵守亚伯拉罕向其所宣告的上帝律法。只是因为他们要顺服其父母,否则这是不可能的;其父母(即使他们不服从任何其他世俗权力,就像亚伯拉罕那样)对其子女和仆人拥有至高无上的权力。上帝又对亚伯拉罕说:"地上的万国都必因他得福。我眷顾他,为要叫他吩咐他的众子和他的眷属遵守我的道,秉公行义"(见《旧约·创世记》18:18—19)。很显然,他的家人并没有得到神启,他们之服从有赖于他们以前就有的服从其主权者的义务。只有摩西上到西奈山见到了上帝,人民则被以死亡相威胁而禁止接近。但他们都必须服从摩西向他们宣告的一切上帝的律法。其依据无非就是他们自己的这种服从:"求你和我们说话,我们必听,不要神和我们说话,恐怕我们死亡"(见《旧约·出埃及记》20:19)。由这两处经文可以足够清楚地看出:在一个政治共同体中,一个臣民,即使自己没有得到有关上帝意旨的可靠的、可信的启示,也应为此服从国家的命令。因为,如果人们可以随意将他们自己的幻想和奇异想法或其他私人幻想和异想当作上帝诫律的话,那两个人就很难在什么是上帝的诫律这个问题上取得一致了。而如果尊重这些[私人的奇想],人人都将藐视政治共同体的诫命。因此我的结论是:只要无悖于道德律法(也即自然法),所有臣民都有义务遵守由政治共同体的法律宣布为神法的那些律法。这一点,对于随便哪个人的理性来说都是不言而喻的。因为,凡是无悖于自然法的东西都可以主权者的名义将其确定为法律,若其系以上帝的名义予以公布,没有一个理性的人会不愿受其约束。另外,这个世界上没有任何地方准许人们在政治共同体所宣告的上帝诫律以外还僭称有其他上帝的诫律。基督教各邦对背叛基督教的人施加惩罚,所有其他邦国也都惩罚那些自行建立被禁宗教之人。因为,凡是政治共同体未予管治的领域,衡平法(它是自然法,因而是上帝的永恒的律法)规定每人平等地享有其自由。

法律的另一种分类

对法律还有另一种分类,将其分为**根本法和非根本法**(fundamental and not fundamental)。不过,我没有在任何学者那里看到根本法是指什么意思。尽管如此,人们却完全有理由这样区分法律。

根本法是什么

因为,在每个国家,基本法就是这样的法律,如果它被废除,国家将会失灵,并彻底解体,就像屋基被毁的房屋一样。因此,根本法就是这样的法律,根据它,臣民必须支持给予主权者的一切权力,不论该主权者是君主,还是一个至高无上的议事会,没有这些权力,国家就不可能维持。比如,宣战、媾和的权力,司法权力,遴选官员的权力,及主权者做他认为系公共利益所必需的一切事情的权力。非基本法则是这样的法律,废除它,不会导致国家解体,比如,有关臣民之间争讼的法律。关于法律的分类就说这么多。

法律与权利的区别

我发现,"**国家法律**"[*lex civilis*] 和 "**公民权利**"(*jus civile*)①

---

① 这两个词均有歧义。"*jus civile*" 常指市民法,在拉丁文中,"*jus*"(法)与 "*lex*"(律)有重大区别。"法"特指自发形成的市民法,而"律"则是由城邦、皇帝所颁布的命令。另外,"*jus*" 除了有 "法" 的意思外,又有权利之义。此处系根据霍布斯上下文而做出之权宜翻译。

这两个词，即使在学问最渊博的学者那里也被混为一谈。其实不应如此。因为，权利就是自由，也就是国家法留给我们的自由。而国家法是一种强制（obligation），从我们这里拿走自然法给予我们的自由。自然给了每人以依靠其力量保证自己安全并先发制人地进攻可疑邻人之权利，而国家法却在法律保护可以可靠地依赖的所有场合取消了这种自由。法律与权利的不同，跟强制与自由的区别一样大。

法律与特许状的关系

类似地，法律和特许状（charters）也被混为一谈。然而，特许状是主权者之赠予（donations）；它不是法律，而是法律之豁免。法律的表达方式是"兹命"或"兹令"（jubeo, injungo），而特许状的表达方式则是"兹赐予"或"兹给予"（dedi, concessi）。赐予或给予的东西不是由一条法律强加于它的。法律可约束一个政治共同体的全体臣民，而自由或特许状只针对一人或人民中的一部分。因为，说一个政治共同体的全体人民在某事上都有自由，就等于说，在这一事情上没有订立法律，或者说虽曾订有法律，现已予废除。

附录三 论霍布斯的《法律对话》①

马修·黑尔

当我们谈论理性时,我们可从以下几个方面考察其含义:

第一,它可以被视为事物中可被知道或可被理解的内在理由(subjective reason),即一个事物与另一事物的一致性、关联和一定的依赖性。这样的理性可以在没有推理天赋的事物中发现,是或者可以是先于任何人的推理天赋之运用的。即为后果与其起因间的关联,事物的固有属性与其形式或本质间的因果关系,自然物在其力量推动下的活动与其在不同地方、按不同次序的协调和配置。自然界物质的固有趋势和运动与其存有和功效之间都有某种合理性,表现为规范性、一致性和逻辑性,即使这个世界上没有一个人知道它。线与面、线与图的比例及其不同的交叉和结构的比例,在数学中,它们的合理性是先于人们的理解力对它们的运用的,尽管人们的理解力可从其中发现这种合理性,然后阐明它。在道德性事物中,尽管这个领域的事物更为含糊,不那么

---

① Reflections by the Lrd. Cheif Justice Hale on Mr. Hobbes His Dialogue of the Laws,由法史家威廉·霍兹沃斯(William Holdsworth)整理,最初发表于1921年7月号的《法律季评》[*The Law Quarterly Review*, No. CXLVII (July, 1921)]。

容易进行清晰的、透彻的观察，但一个事物与另一事物间仍存在某种合理性、一致性及内在的关联和因果关系，它们是先于任何人为的道德体系或法律创制活动的。

　　第二，它可以是推理性质的天赋（the faculty of reasonable nature），如果通过它的活动，人们获得对于事物的了解，此时可将其称为"判断"，或者当人们以它来做事情时可称为"明智"，或称为"审慎""技巧"。尽管在有些事物中，在这种能力与对象间存在着绝对的密切关系，因而这种能力的运用几乎是一瞬间的事情，比如亲眼看见一件东西。但就大多数事物而言，这种能力之运用是缓慢的、推导性的（discursive），至少要借助于从一个事物内在地推导出另一事物，或根据一个事物对另一事物进行推论或推理，这被称为"推理"（ratiocination）①。因而，这样的理性就是所有具有理性的人都拥有的一种能力，它是一种人所共有的手段或工具，所有知识或技艺都是借它而获得的。也正是这同样的天赋为博物学家、法律家、数学家、技师和农夫从事其各自研究和职业时所用。

　　尽管这一共有能力是所有人通通具有的，但我们很容易看到，在不同人那里，这种推理能力之敏捷、活跃和完善程度是各不相同的。这种差异可能源于其精神和气质倾向之差异，或源于这种推理能力在他们那里的运用和激励之不同。不仅如此，对于任何具有观察力的人来说，下面一点也是极其显而易见的：我可以称为人的理性的优势、倾向和顶峰的东西，在不同人那里，经常指

---

① 尤指运用三段论法。

向不同方面。一个人的理性可使其熟练地研究医学，但在研究政治时却没有那样娴熟、拿手；另一人的理性使其能够灵敏地研究数学，却不适合于掌握物理学；有人说不出包括十个单词的句子，然而在机械、有时在音乐方面却一点即通。

有人是杰出的演说家、优秀的道德家，却只是水平一般的国务活动家和糟糕的诗人。尽管有可能出现这样的情形：有些人的理性是那样地恰当，能够从容应对任何领域的问题；不过这样的人总是罕见的。通常情况都是，宣称具有整全的知识的人不过是对每一样东西都有一些肤浅、零碎的把握而已。

第三，理性可以更为复杂，也即理性的能力与合理的对象结合在一起，通过使用（use）和运用而成为习惯，正是这种类型的理性使得一个人成为数学家、哲学家、政治家和法律家；它使得人们精通其特定技艺，比如成为好工程师、好钟表匠、好铁匠、好外科医生；他们将其理性能力运用于那些特定领域，沿着特定方向，借助特定方法。这样的结果，就像水，同样是其自然的流动和趋势，却有不同的适用方式和领域，在一个地方灌溉草坪，在另一个地方驱动水磨，在别的地方提起锤子，或者浮起船只；或者同样是重物下坠的属性，由于其不同用途，而或者驱动大钟敲响，或者让钟表的表针指示时间，让仆人转动烤肉叉。因此，同样是理性能力，由于其应用和指向的不同，而使这个人成为数学家，那个人成为医学家，另一个人成为法律家或匠人，结果如何，得看理性能力的指向或所应用的领域，并通过运用和训练而娴熟于它。据此我们可以得出结论，即使两个或更多人，其推理天赋同样地完美，但将这种共通天赋运用、应用于各自特定领域,最终他们在各自的科学或技艺方面不会有同样水平和成就。假如一个人习惯于运用其理性于医学科学,而另一人习惯于运用其理性于数学,则后一个人就不可能成为跟前一位同样好的医学家,前一个人也不可能成为像后一位那样好的数学家。因而,尽管数学家也会好奇地翻阅盖伦和希波克拉底的著作,医学家也可能浏览欧几里得和阿基米德关于定理和推论的著作,或者一个宣称且确实精通博物学的人也会翻阅判例摘要或关于法典的著述或索引,但是,第一个人仍然只是一位很差的医学家,第二位是很差的数学家,第三位只是很差的民法学家,尽管如果不考虑他们对于自己的领域之熟悉,他们的推理天赋之成就和水平其实是相同的。在这种推理能力所从事的所有领域中,没有一种比将这种推理能力投向法律并熟悉掌握它更难的了,因为法律涉及管理文明社会,并使之井然有序,涉及确定衡量正当与不当的标准,这些都涉及很多具体细节。因而,人们不能指望对于它们可获得与数学科学相同之确定性、清楚和证明。有人带着某种信念宣称,自己构造了一个可以适用于所有国家和各种情况、永远不会出错的法律与政治理论体系,就像欧几里得证明其结论那样清楚和一致。这样的人是自欺欺人,一旦碰到具体应用,就会证明它是无效的。① 这种困难的理由是显而易见的,见下述:

---

① 霍布斯在《论公民》的《献辞》中论述了他的方法论,他首先赞美几何学的伟大成就:"凡是使现代世界有别于古代野蛮状态的事物,几乎都是几何学的馈赠";然后他指出:"道德哲学家若是把自己的工作做得同样成功,我不知道人类的勤奋本可以给他们的幸福做出多大的贡献。对人类行动模式的认识,如果能像数字关系一般确切,普通人对权利与不公(just et iniuria)的谬见所维系的野心与贪婪,就会失去力量,人类就可享受可靠的和平,(转下页)

第一，在道德领域尤其是涉及一个共同体法律时，尽管关于正义与合宜（just and fitt）的通行概念是每人的理性所共有的，但当人们将这一共同概念个别地运用于个别情形和场合时，在那些具体同样伟大的理性之士中间，很难找到共同的看法和一致性。理性可经过研究和学习而得到改善，而在涉及具体细节时，柏拉图和亚里士多德这两位具有伟大理性的人，在构想其法律和城邦时仍存在巨大差异，这个世界上的大多数邦国和王国的法律管理、正当与不当的标准也都存在巨大差异。人们只消考察一下那些宣称自己是理性大师的人士——他们可能确是杰出人物，他们都是举足轻重的人物，而他们对于这种性质的事情的看法之差异，却比任何人都大。尽管他们间或以彼此动摇或削弱他人原理或结论为乐，但一旦构建了自己的立场，照样是不稳固的，普遍地不能令人满意。

据此可以说，对人类事务和人与人交往有所观察和经验之士，在很多时候可以成为良好的法官；但大多数情况下，那些具

（接上页）（除了人口增长所引起的争夺地盘）人类似乎不太可能陷入战争。"（〔英〕霍布斯：《论公民》，应星译，贵州人民出版社2003年版，《献辞》第3页。）柏克重申了黑尔对此类思想之批评，见《法国革命论》："人性是复杂的，社会的目标也是最为复杂的；因而，对于权力的任何简单的安排或管理都既不切合于人性，也不符合人类事务之性质……这些理论家所宣称的权力都是极端的；它们从形而上学角度看上去有多正确，在道德和政治角度看就有多错误。人的权利是某种中庸的东西，不可能下定义，但并不是不可能加以辨析。人在政府中的权利其实是它的优势所在，人的权利通常存在于不同的善之平衡中，有时存在于善与恶的妥协之中，有时甚至是恶与恶之间的妥协。政治的理性是一种计算的原则（computing principle），是对真正的道德单位（moral denominations）进行道德的而非形而上学的或数学的加减乘除。"（此据英文译出，可参考何兆武等人的译本，商务印书馆1998年版，第81页。）

有较强理性和学识之士是通过诡辩家、经院哲学家、道德哲学家和关于道德的理论著述而获得理性和学识的,因而,对于正义和正当只有玄妙的思辨和抽象的概念。而一旦涉及具体应用,他们的看法就会分歧极大,因而他们经常是最糟糕的法官,尽管他们窃喜于依靠自己过于精致的思辨而获得关于是非的一般标准及人类交往基本内容的理论和分类。一旦涉及具体问题,人们关于是非的判断和意见就会是不稳定、不确定而多样的。应当避免不同的人将理性运用于个别情形所产生的这种严重不确定性,应当致力于使人能够明白根据何种规则和标准生活及拥有财产,不可让这些处于谁也不知道的随意状态,也不可让各人不确定的理性给出不确定的判断。正是基于这一原因,这个世界上每个历史时期比较明智的国家都就一些确定的法律和规则及处理共同正义的方法达成一致,并使这些尽可能地具体而确定。通过这些办法,他们获得了以下好处:(1)他们避免了法官的裁断和理性之不确定,而实现了相当的确定性,使法律和规则可为那些将要进行裁断以及等候做出裁断的人所知晓;(2)也因此,他们避免了法官腐败和偏私之可能性,而如果法官做出裁断时只凭其理性而无其他规则,就极有可能这样;(3)他们在很大程度上避免了人的不稳定的理性在需要做出具体裁决时可能出现的争执和自相矛盾。

尽管一部确定的、明确的法律在面对具体问题时会有一些不便,人的审慎不可能在一开始就预见所有具体情形,并做出规定……但是,它也优越于人们不恰当地称为"理性的律法"(Law of Reason)的那些任意的、不确定的规则。而可以肯定的是,制定得最好的法律既具有确定性,又几乎不会带来多少具体危害。

因而可以说构想并规定一部法律，它既能救济某种不便或防范它，而又不至于引致一种更糟糕或同等的不便，便是一件最为困难的事情。对于这件或那件事情，人们马上会灵机一动提出这样或那样一部法律，以为这法律足以对治它。无知者总是宣称事情很容易（Qui ad pauca respicit facile pronuntiat）。然而，人类事务的结构与遭受疾病折磨的患者的身体结构并无不同；各种疾病的性质是大相径庭的，因而，医生以为可以治疗一种疾病的办法却会使另一种疾病恶化，救治此病人的办法很可能会致彼病人于死地。

制作、解释和适用法律之所以如此困难，乃是因为：第一，它需要对可能出现的种种情况具有长远眼光，不仅对该法律所要解决的问题，也要对所提出的该救济方法由于意外而产生的、作为其结果产生的及附带产生的种种问题有所预见。第二，它需要对拟议中的法律的便利程度做出详尽的、有经验依据的判断，并考察这种便利是否大幅度地超出其所要解决的那些不便。第三，它需要良好的判断力和技巧，从而能够……以在适用该救济时，使所产生的不便尽可能地小。

随意性所带来的不便是不可容忍的，因而确定的法律，即使伴随着某些害处，也优于随意性。而人类任何事务都不可能达到十全十美。

确定的法律有时具有伴随它而来的这种不便，因而有时，一些人或一些案件会受害于确定的法律之精确性，然而，任意的、不确定的法律的不便要比这多出无数倍。在制作法律时所遇到的这方面的难题，在阐释法律时必然碰到更多，假如其留出了阐释的空间或余地的话。阐释者的眼光必须超出当下的情形，以确保这一阐释不会带来比当下它所救济的不便更为严重的不便。

第三，①使得人们对道德活动做出正确裁决并对其给予救济的第三个因素是，每一道德活动都是或者可以因其环境不同而有差异，环境对道德活动的定性和裁决有巨大影响，因而从物理上看相同的动作，却经常实际上大相径庭，环境会使其性质有所削弱或强化，因而在这个世界上，几乎没有两个道德活动在各方面都完全相同。环境千差万别，其对道德活动的影响也各不相同，很难予以辨析清楚，或者难以给予正确估计，因而制作有关它们的法律就是困难的。因此，有很多东西，尤其是在法律和治理领域，间接地、长远地、推论性地（mediately, remotely and consequentially）对其予以认可是合乎理性的，尽管当事人的理性不能当下地、直接地或近距离地看出其中的合理性。举例来说，宁要年高明智而有经验的一两百人士所制定的一部法律，也不要只是作为一个没有经验的年轻人的我自己想出的一部法律，在我看来，这才是合乎理性的；尽管我对我自己所想出的法律之合理性的认识，肯定要强于我对那些贤明之士所制定的法律之合理性的认识。

同样，王国据以平稳地进行了四五百年治理之法律，胜于拿我自己的一些理论，冒险以王国的幸福与和平进行试验，在我看来，这是合乎理性的，尽管我对我自己理论之合理性更熟悉，而不熟悉那部法律之合理性。同样，我也有理由确定一点：漫长经验所能发现的关于法律的便利和不便，要多于由人所组成的议事

---

① 原文如此，仅有前文的"第一"、此处的"第三"以及后文的"第五"。

会当初所能预见之便利和不便。把明智而有见识之士的种种经验应用于该法律而做出之修正和补充，比起那些未得此类丰富经验之助的最聪明之士的最出色发明来，肯定更有利于该法律之便利。①

所有这些东西都是合乎理性的，而法律及对其补充的种种具体理由本身，对最为精深的智力或理性来说倒未必是一目了然的。

这对于透彻理解法律的理性又多了一个难题，因为法律是长期的、不断重复的经验之产物，这种经验尽管常被人称为"愚蠢之母"（mistriss of fooles），然而却是人类最明智的办法，借此可以发现法律之缺陷及补救之策，而这些是人的智力当时无法预见的，或者即使预见到，也不能马上找到补救办法。

第五，关于法律不够清楚（inevidence）的最后一个理由，只要看一下所有东西与每人理性的关系就一目了然了。因为，法律是建立某种制度（institution）的，其创制者当初确实看到了建立此制度而非彼制度之理由，但在如此所建立的事物中，建立该制度之理由对我们并不必然是清楚的。不过它们是已经确定之法律，且给我们带来了确定性；这就足够了，我们遵守它们就是合

---

① 参见柏克："因而，有关治理的科学就其本身而言，就是高度实践性的，旨在追求实践性目标，因而它就是一项需要经验的事务，其所需要的经验甚至超出任何人在其整个一生所获得者，不管他是多么地明智和富有观察力；任何人，若想去推倒一座大厦，应当带着无限谨慎，因为在几代人的时间里，这大厦大体上适合于社会的共同目标；在重建大厦时同样要无限谨慎，因为效用得到认可的模型和样板并不是现成的。"（参考《法国革命论》中译本，商务印书馆1998年版，第80页。）

乎理性的，即使我们并不清楚当初建立它们的具体理由。任何人，如果只是因为他觉得自己可以制定出一部更好的法律，或者提出，只有通过数学式的证明才能让他相信一项制度的合理性，或者要求一项制度必须做到不证自明，假如不能做到这一点而对一部法律横加挑剔，那他就是愚蠢的、不理性的。英格兰法律中有一条规定，所有土地传给长子，而没有哪项个别的习惯改变它。一块自由保有地产（freehold）未经让与和占有（livery and seisin）就未完成转让，或者可以根据陪审团的认定而对新领主认可，但制成法已将其修改为，一块根据契据永久转移给一人的地产，若无"后嗣""无穷"之类字样就只算终生转让。现在，假如这世上一个最聪慧之士想通过思辨或通过阅读柏拉图、亚里士多德，或通过考究犹太人或者别的民族的法律，来探索英格兰法律该如何对继承做出规定，或者地产该如何转让，或者我们如何进行交易，那么，如果他不去研究英格兰的法律，他就是白费力气，最终一无所获。原因在于，这些法律是根据其他人的意志和一致同意而得以实施，这种同意或者通过习俗和惯习（custome and usage）而默会地表达出来，或者明确地表述于成文法和议会法案中。

据上所述，很显然，人们不可能生来就是普通法法律家，仅靠运用理性天赋也不能给予一人以有关法律的充足知识，相反，它需要经由习惯、熟悉和训练才能获得，通过运用那种天赋进行阅读、研究、观察，才能给予一人以关于法律的完备知识。尽管一个人长期勤劳地投身于这种学习研究中，也不能僭称自己的判断不会出错，更不能僭称自己已完整获得有关英格兰法律所可获得之全部知识；不过，比起只是单纯依靠运用自己的理性天赋而无任何储备可供使用之人,或者只是翻阅了一下制成法目录或法律著作索引或清单之人,上述努力还是有利于做出正确判断的。①

指望一个人要么只是由于其天资不错,要么只是读了一个月《几何初阶》,就能跟毕生研究几何之士同样精通数学,此乃令人怪异之事。显而易见的是,相比于法律中的命题和结论,数学中的命题和结论还是比较清楚的,也更易自然地为人的心灵所接受。而法律在很大程度仰赖于最初确立者之同意和安排,因而那些在其教育履历中研究过英格兰法律之士,相对于其教育和研究完全或主要集中于哲学或数学等学科之士来说,具有相当大的优势,他们可对本王国法律做出更为恰当的判断和解释。[原因如下:]

第一,下面一点并不是不可能的:至少有一些投身于法律研究者的自然理性水平跟那些投身于哲学或其他学科的研究者一样出众,而且,假如前一部分人也运用其理性研究哲学等学科,使理性熟悉它,很可能跟后一部分一样出众。

第二,假如具有同等理性与智力的人可以由于其接受过这一或那一学科教育之缘故,而相对于与其具有同等天赋之人来说具有某种优势,那么很显然,考虑到法律科学的性质所要求之勤奋

---

① 这里,黑尔对霍布斯提出了严厉批评。《对话》中代表霍布斯立场的那位哲学家曾宣称:"在任何研究中,我都仔细地考察我的推论是否合理:我已全面考察了自《大宪章》以至今日的各部制成法,没有一部被我遗漏。我想,我一直在致力于研究它们,对我来说,研究得已经够多了。"接下来他又说,"我也很用功地通读了利特尔顿论述土地法的著作,也阅读了著名的法律家爱德华·库克爵士为其所写之评注"云云。哲学家在后来也谈到了很多制成法以及若干案件。

和专注超出别的学科很多,因而,具有同等理性而将其理性投入法律研究之士,必然要比那些没有以研究法律为业的其他人,就其对于法律的掌握来说具有大得多的优势。原因在于,这门学科的性质和状况本身所要求之勤奋和专注远超别的学科。

第三,普通法职业群体内部的关系非常紧密,从而形成了法律的确定性和法律自身的一致性,一个时代、一个法庭以尽可能统一的规则谈论同样事情、走在同一法律轨道上,这实在是一件最为令人欣喜之事。不然,每个地方、每个时代都会因法律而争吵不休,假如每个法官和辩护律师不保持在其轨道内,则提供确定性、避免任意性和由其所致之不节制的法律,就会在不出半代人的时间里丧失。

如果人们不通过研究和阅读了解前代及其他法院与法庭做出的判决、法庭决定、裁断和法律解释,从而使法律自身保持某种一致性和连贯性,则法律就不可能在其边界和界限内得到维护,而如果不大量地阅读、观察和研究,就不可能使法律自身保持一致性和连贯性。

第四,至于对议会法案和成文法的阐释,那些接受过法律教育、学习过法律的人,相对于接受别的学科训练的他人当然具有优势,即使那些人宣称或者确实是理性的大师,具有无以复加的理性。理由在于:

1.他们不仅能看到摆在他们面前的议会法案的序言、正文和附加条款,也能够比较清晰地看到其实施的情形或者祸害,这些东西,若不经阅读,是不可能一目了然的,尤其是对古代法案而言。

2. 他们有机会了解前代法官做出的阐释,而其他人却不可能如此清楚。

3. 他们的视野和知识中也有对于其他议会法案的阐释,这些法案或与所要解释的法案具有类似条款,或者其理由相近,这是阐释所要解释的法案之重要指南和帮手,而这是那些仅靠运用其天赋而无研究和教育之助的人所缺乏的。

论主权性权力

政府的形态在类型和程度上是各种各样的,有些是君主制的、贵族制的,有些是民主的,还有些是各种因素的混合,而混合比例是或者可以是无穷无尽的。在有些宪制中,主权性权力的一部分存放于政府的一个部分,另一部分则存放于政府的另一部分。政府的这些形态可以按不同方式分类:

1. 根据治理者与被治理者依最初共同意见而确立之该政府的原初制度来分类。但我们难以在古代政府中找到这一原初制度,首先是因为这一制度的原始记录很难找到,第二是因为,随着时间推移不断出现新情况,新的迫切需求、偶然事件及政府间的协议,这些都必然导致偏离最初的制度。

2. 依据漫长习俗和惯习来分类。它们之所以存在,是因为获得了治理者和被治理者的默会的同意,或者至少可以作为原初制度即关于政府的性质或治理者与被治理者之间原初关系（initial part）的证明,或者是对它们的一种解释。

3. 依据战胜或征服进行分类。尽管战胜或征服要做到充分而普遍，就需要胜利者获得绝对的统治地位或主权，然而这样的征服几乎没有，相反，征服通常以征服者与被征服者之间的"降服"（Dedition & Capitulation）而结束，因而关于降服的盟约或协定可以缩小或改变该主权的范围。

4. 依据政府的原始制度失效之后治理者与被治理者之间达成的让步和共同协定进行分类。这些让步和协定会根据政府最初建立后新形成的盟约和让步之要旨及目的而对治理者的主权做出各种改变。有些人认为，威廉一世国王借助征服的权利占有本王国，而这种权利消灭了以前治理者的全部权利，或者以为，他获得了绝对征服者可行使于一国的那种统治权。他们的这种看法是错误的，因为，第一，威廉国王的权利（clayme）并不是某种征服的权利，而是继承了爱德华国王的权利，据此他确实打败了那位篡权者哈罗德。但他并不是征服了英格兰，而是继承了爱德华国王所享有的那些权利并保有它们。他是获得了王位而非获得了人民（Victoria in Regem but ont in Populum），因此，尽管残酷的"战争特许"（Dispensations of Warr）给某些人尤其是给哈罗德的支持者带来了灾难，但威廉国王并未改变英格兰人的法律或财产权或自由保有地产，因为人民在威廉国王胜利之后，依据爱德华国王时代他们或其祖先的占有（seisin），只要出具征服胜利之前有效的契据，又恢复了他们的占有权。

第二，即使威廉国王的权利是通过绝对征服而享有的（非常清楚的是，事实并非如此），若无盟约和降服，其征服也不可能全面、彻底地完成，而根据这盟约，爱德华国王的法律不仅得到认可，而且是根据权利主张和协议予以认可的，是以全部可想象之必要形式予以肯定的，正是这一点使得威廉国王的王朝得以完整地建立起来并稳定下来。

第三，除此之外，威廉一世国王、威廉二世国王、亨利一世国王及继承其王位之国王们，一次又一次地不仅承认爱德华国王的法律，而且承认属于英格兰人作为英格兰国王自由臣民之一切自由权和权利。

这一个、那一个王国之法律具有三重效果：

1. 强制权（Potestas Coerciva），此权涵盖国王的所有臣民，但不包括国王自己，他不在法律的强制权之下。

2. 指导权（Potestas Directiva），它对国王施加了义务，对此，我们不必走得太远就能找到其证据，国王在其加冕礼上做出庄严宣誓，一次又一次地认可《大宪章》及涉及其臣民之自由权的所有法律和制成法。

3. 宣布无效权（Potestas Irritans），据此，法律在很多情况下对国王的行为有约束力，假如其有悖于法律，则使其无效。比如法律规定，除了加盖国玺外，加盖别的印玺，不能授予（grant）土地。因而，对垄断权及别的权利的授予就是无效的。法律使此特权授予无效，而臣民据此而产生的文契应受刑罚，一如根本就不存在此种授予。任何一位理解了国王所说之话的善良臣民，不可能对本王国的主权性权力寄予何处产生疑问。这块土地上的法律和最高权威宣誓（Oath of Supremacy）[①] 教导我们，国王是其疆域上

[①] 1688年《权利法案》规定，国家高级官员、神职人员及臣民应宣誓拒绝外国人或罗马教皇在教会和宗教上的权威和管辖权，而承认国王之最高权威。

唯一的最高治理者，而由于这一最高权力，他得以享有下列这些主权者的大权：

（1）唯有他拥有缔造和平与宣布战争的权力；

（2）唯有他拥有确定铸币面值及赋予其合法性的权力；

（3）唯有他拥有赦免公共犯罪者（publique offences）所应受之刑罚的权力；

（4）从他那里衍生出管理本王国之普通司法的权力，不管属于罗马民法的还是教会法的，不管是常任的还是委任的；

（5）唯有他掌握本王国的军事力量，可征召海军或陆军；

（6）制定法律的权力寄予他那里，这些法律是由他所颁布的他的法律。

这些都是本王国法律固定于英格兰王位上的最高权力，但对于这些权力，尤其是后两项也存在一些限定：

1.尽管唯一的军事力量由国王掌握，且仅由他掌握，但它有两个限定：

（1）不得运用这种力量强迫任何臣民离开本王国，见制成法爱德华三世元年法第5条（1 Ed. 3. Cap.5），查理二世13年法第2条（13 Car. 2. Cap.2）。

（2）未经议会同意，不得征集用于征募、养活或修建士兵、舰船的贡助金或开征普遍税费，也不得开征别的普遍税费，见制成法爱德华一世25年法第6条（25 Ed.1. Cap.6），爱德华一世34年法第1条（34 Ed.1. Cap.1），爱德华三世元年法第6条（1 Ed.3. Cap.6），查理一世17年法第14条（17 Car.1. Cap.14）。它们［是否可以征收］由国王在听取议会贵族院和平民院的建议并获得其同意后进行判断再予以宣布,这样的判断乃是最有力量的判断。

2.尽管立法权属于国王,因而除他之外,无人能制定约束这一疆域上臣民之法律,但这种权力有一些必要形式和限定,也即要经过议会两院的同意,如无此同意则任何法律都能被创制。因而,国王敕令不能创制一部法律。这类敕令可以宣告和公布已制作出来的法律,并可服务于寄予国王一人身上的那些权力,比如宣布铸币、和平、战争,在公共战争状态下为战争目的可以禁止资助敌人及诸如此类的事情。

不过一般说来,国王敕令不能创制法律,法律应以某些必要形式并在议会建议下创制;这一点无可置疑地是正确的。然而,有些思辨家却一直在想着纠正这个世界上所有政府的错误,而以他们自己的概念和幻想来治理整个世界。他们对自己的意见充满信心,他们觉得所有的城邦、王国和政府都必须立刻按他们的意见行动。

下面就是他们所宣称的一些意见:

对拥有主权的君王的权力不可能存在任何限定或削减,他可以创制、废止或修改他所乐意的任何法律,征收他所乐意的税,以他所乐意的方式、在他乐意的时间侵削臣民的财产。

唯有他是公共危险的裁判者,可以指派他所乐意的救济方式,并征收他认为与此相适应的税费。

这些狂乱的主张是:(1)完全错误的;(2)有悖于一切自然的正义;(3)对治理有害;(4)对公共利益和政府的安全构成破坏性影响;(5)没有任何法律或理性的影子会支持它们。

1.它们是完全错误的。根据这类事物的性质,判断正确、错误的最佳标准不是想象出来的概念或一般意义上的理性（reason at large），而是本王国的法律和习惯，是它们决定着一般的理性，并将其约束在法律和习惯的范围之内。

可以肯定，若无议会贵族院与平民院的同意，国王不管是通过敕令还是通过法令（ordinance）①、咨议会法案或法令，均不能创制具有约束力的法律；这是一条人所共知的真理，因而无须举例论证。不过我要举几个例子，其性质不大普通，相反它们是由国王本人在议会院中宣告的。

只有通过议会法案，才能实现血缘关系之恢复（Restitution in Blood），因而亨利八世颁布了一条特别法案，使得国王能以特许状做到这一点。制成法亨利八世31年法第23条（31 H.8. Cap.23）是特别制定的，能使国王根据咨议会建议禁止某些行为，使之遭到刑罚，而制成法亨利八世34年法第23条（34 H. 8. Cap.23）则对其执行死刑。然而这种权力并未维持多长时间，两部法令均被制成法爱德华六世元年法第12条（1 Ed.6. Cap.12）所废止。因而，即使国王和贵族院对一部法律达成共同意见，它仍不具有约束力，除非平民院也予以同意。法律是由"议会中的国王"之判断所决定的。而根据议会卷宗亨利五世2年卷第2号法案第20、10条（Rot. Parliamenti 2 H.5. S^{ts}.2. Num.20. 10），自那以后，不得根据平民院的请愿颁布任何与其所请求者相反的法律，若未经其同意，他们就不受它的约束。有很多例子可以证明这一点，见议会卷宗理查二世6年卷第一部分第52条（Rot. Parl. 6 Richard 2. pt. 1.

---

① 特指未经议会两院一致同意，仅由其中一院同意而制定的法令。

N.52）。

2. 若无议会同意，国王不能创制法律，因而，如无同样的同意，他也不能废止法律。这是一个众所周知的真理，不过我还是要举一个例子：国王本人在亨利八世26年法第10条（26 H.8. Cap.10）宣谕（Declaration）中事实上制定了一部特殊议会法案，据此，国王能通过其敕令废止一切与亨利20或21年后所公布之受禁物品相关的法律，而假如国王根据议会法案亨利八世34年法第26条（34 H.8. Cap.26）授予他的权力，不需一部法案即可废止它，那么，那些法律就不是法律了。这项特别条款使得亨利八世国王能够废止和改变那一制成法的法律规则。

这一条款确实随着亨利八世之去世而失效了，但它是非常重要的条款，它被制成法雅各布21年第10条（21 Jacobi. Cap. 10）予以明确废止。假如国王无须其议会法案之助即可废止这些法律，则它们的效力和对它们的废止就没有什么意义了。制成法爱德华六世元年法第十一条（1 Ed.6. Cap.11）给予爱德华六世及亨利八世获得王位的一切子嗣以在其年满24岁之前根据这些特许状废止其所同意之所有议会法案的权力。

确实，在最新出版的一本制成法汇编中［有一部法律规定］，即使不在议会中，国王也可根据其咨议会的建议，在敕令中正式撤销一部同年制定的制成法，尤其是涉及贵族接受审判的豁免权的制成法。这一法律等于在一定程度上鼓励撤销制成法。不过，如果对问题予以正确理解，则它不仅并不支持这一结论，其意思其实正好相反。

因为，（1）可以非常正确地说，它从未得到过国王的完全同意,更不要说迄今为止,它是有悖于其意志的,而御前大臣、财政大臣和法官们在公开议会中也对其提出过抗议,因为,根据议会卷宗爱德华三世15年卷第26、42号(Parlem' Roll 15 Ed.3. N.26.42),这一条是违犯法律的。

(2)国王依靠通过发布敕令废止法律不足为凭,相反,在接下来的一届议会,根据爱德华三世15年的完整议会的法案,议会卷宗爱德华三世17年卷第23号(Rot. Parl. 17 Ed.3. N.23)被特别废止,并附有下列指令:对于在那届议会上被有效通过的东西,应起草一部新法律,并在本届议会通过。因而,若无议会的废止法案,不能认为通过敕令而表示之废止已经生效。

3. 关于国王有权判断公共危险,并为此目的而征收摊派款(Assessment)或费用的问题。有些人不相信,《无代表不纳税制成法》①不应被引申做那样的解释,换句话说他们以为,在任何情况下,只要国王觉得方便就可废止法律。这些人应该看看国王自己在查理一世3年《权利请愿书》中的判断,及对造船费案②中的裁决予以撤销的行为中做出的判断,见查理17年法第14条(17

---

① 《无代表不纳税制成法》(Statute de Talliagio non Concedendo),爱德华三世14年(1341年)制定的一部制成法,其中规定,若无议会之同意,现任国王及其继位人不得征收非封建义务的税收。

② 造船费案(the Case of Ship Money 或称 Hampden' Case)。1634年和1635年,查理一世为筹款建设海军发布命令,要求海港城镇提供船只,其他城镇为此目的交钱。1636年,非海港城镇的英格兰白金汉郡绅士约翰·汉普登拒绝缴纳,受理此案的财政署内室法庭的七位法官支持国王,五位法官支持被告。支持国王的法官主张国王不能受限于经过议会方可征税之法律,尤其是在紧急状态下。但本裁决后来被长期议会所撤销。《权利法案》则宣布,国王未经议会同意而向臣民征集钱财是非法的。

Caroli Primi Cap.14）。在这里，国王根据议会贵族院与平民院的建议，并经其同意，不仅制定而且宣布该裁决有悖于本王国的法律和制成法，不利于臣民的财产权和自由；前述议会决议和这份《权利请愿书》是所能想象的法律效力最高、性质最庄严的文件，而造船费案中的裁决则以必要性的法律推定为依据，国王因此才会有上述宣布。

关于国王权力与议会法案引发的案件之关系：

（1）对于已实施之违反议会法案的违法行为，若刑罚涉及国王陛下，国王可以赦免他；

（2）有些案件并不直接涉及臣民利益，国王可借助一项"但书"授权（Non Obstante）①，而对某个人，在具体案件中不追究其违犯刑事法律之情事。

（3）但在海军事务大臣司法管辖而直接涉及臣民利益的案件中，国王不能以"但书"而实行特赦。而在任何案件中，若无议会法案，国王不能废止一项议会法案，不管是刑事的，还是别的。

第二，那些人的主张有悖于自然的正义与衡平，因为很显然，国王及其他人都有义务信守其誓言和承诺。

考虑到下面一点，则这些誓言和承诺就有更大强制性：那些盟约和让步不完全是国王慷慨仁慈的产物，因为，有些特权之授予是基于双方的契约和约定而做出的。议会所有法案和议会的让步构成了契约和约定的绝大多数。在这些文件中，臣民向王国授

---

① 意思是国王破例允许某人干某事，即使法律有相反之规定，比如国王詹姆斯二世曾试图废止《1672年宗教宣誓法》之规定。1688年的《权利法案》则规定，国王撤销法院裁决的行为均为无效。

予贡助金、政府开支所需款项、王室特别津贴、什一税或十五一税（Aydes, Supplyes, Subsidies, Tenths or 15ths），国王则根据臣民的请求而给予其法律和自由权利。因此，《大宪章》和《狩猎场宪章》（Charter of the Forest）①及大多数议会之特权授予（parliamentary grants），是根据国王与其臣民间的某种互惠契约或约定而形成的。然而不仅如此，议会授予人民以自由的那些重要文件并不是授予人民以新的自由，而只是恢复其根据英格兰政府之原始的、根本的宪法本属于他们的自由权。威廉国王认可忏悔者爱德华的法律，便是如此；由约翰王、亨利三世、爱德华一世认可之《大宪章》《无代表不纳税制成法》及其他法律，均是臣民之原初权利与自由权。它们长期得到运用，它们在漫长而持续的历代王朝不断得到承认、确认，仿佛它们是英格兰政府第一条款现存于世之正宗契据，据此我们有充分理由得出结论，它们是英格兰政府之初始与原始制度的组成部分。

既然对自然正义的义务除了约束别人外也约束君王和治国者，要求其遵守与人民订立之盟约和协定，因而这一义务又被附以宣誓这一庄严形式，国王在其加冕礼上宣誓遵守这些法律和自由权。尽管国王本人确实是神圣的，不受制于任何外部强制，也不能因为他违背了上述神圣誓言而被其臣民所控告，但无人怀疑国王不在上帝监督之下，受自然正义之约束，国王必须信守其誓言。

---

① 即"Charta de Foresta"，亨利三世第九年所修订有关狩猎场法律的汇编，据说原先是《大宪章》的一部分。

第三，那些主张对于政府是极端有害而危险的，而佞幸之辈总是试图以此谄媚之言取悦国王。因为很显然，一个政府最大的幸福首先在于治理者与人民之互相信任，治理者在税负和顺服问题上信任人民，而被治理者在保护问题上信任治理者。古老而庄严的宣誓制度——人民向君王做忠诚宣誓，君王向人民宣誓保护人民、维护其基本法律和自由权——也正是为了确保这一相互信赖。在这一黄金之结（Golden Knott）上所发生的第一个破裂，我们已从可怕的历史记录中得知……此时，不忠、不信和猜忌的苗头偷偷地或公开地滋长。几乎可以肯定，就猜忌和不信之源而言，没有比以下做法祸害更大、危害更严重的了，即告诉整个世界，君王没有义务信守他或先王根据其伟大的咨议会所确立之任何一部法律，只要他觉得有理由，即可废止它们；而其所有臣民的财产权均取决于其欢心；根本不存在严格地、审慎地起草的、旨在保护其臣民之自由权和财产权的法律，相反，它们本来就应处于这种状态，这是隐含的，甚至是明确表达出来的；只要他觉得合适，他就可以暂停执行它们或削减它们。一个教导此类学说之人其实是在尽一切所能削弱主权，是在亲吻你之时背叛你。

第四，那种主张对治理者有多大祸害，对被治理者也有多大祸害，因为此时，人民将忧惧不安，而他们的财产、权利和不动产将不再属于他们自己，因为它们将被用来取悦治理者。这将摧毁人民通过贸易和创办实业而自行致富之勤奋和小心，从而使整个王国陷入穷困……使人民的精神懒惰而贫乏。尽管它是一种错误的主张，其结果也会引发不满，但因为有些人提出的这种学说宣称，君王可以拿走其臣民的法律、自由权和不动产，那么，国王就有可能那样做。不仅如此,根据一种关于君主究竟有哪些权力的正义而正确的论述,国王应利用其权力造福于臣民而不是为害于臣民,应让臣民致富从而使其诚心效忠,而非让其穷困潦倒从而陷入悲惨绝望;这样做是合乎君王利益的。但是可以肯定,一旦人们猜疑,王国的法律不足以稳固其财产权和自由权,人们的心灵就会动摇、不安,充满恐惧和疑虑,其勤奋和努力的劲头就会因此消失、削弱,不管智者和能言善辩之士说些什么,都不能让他们安稳下来。

第五,这些思辨家用以支持其有害学说的理由完全是徒劳无益的,其所提出的理由多数是这样的:

政府成立之理由和意图在于共同的安全,但是总有可能发生突然的入侵或叛乱,而假如君王受到法律条文约束不能在议会召开之前为军队征集所需之供应品,王国就可能被颠覆,善良的臣民就会丧失获得保护之好处,这是他们严格地遵守"若无议会同意不得征税"这一法律之细枝末节而得到的恶果。

对此,我的回应是:(1)关于治理方式和政府形态的法律,应适应于大多数事物(thinges ad plurimum)的常见和正常的状态,因为人类最常面对的正是最常发生之事态。认为法律或政府形态应依罕为发生之事态而构造是疯狂的。这就好比一个人,仅仅因为伞菌和大黄对治疗他七年才得一次的疾病有用,而将其作为日常食物。①

---

① 关于这一点,可参见柏克:"我坦率对您说吧,我不喜欢喋喋不休地谈论抵抗和革命,也不喜欢把这种救治宪制之药效极端的药剂当作每日食用的面包。这会使社会危险地形成为其健康过分担忧之病;社会将会定期地服用(转下页)

（2）人所制定之宪制不可能十全十美，足以应付所有可能出现之事态。因此，在对政府的好处和便利进行评估和测量时，只要它能应付人类生活中出现的大多数紧迫状态即可，即使它不能应付所有事态，但在找到别的能够应付一些事态却不能像前一个那样应付更多事态或更好应付那些事态的宪制之前，它还是值得予以保留的。根据那种有时可能带来某些不便的法律进行治理，要好于处于专断治理之下，它可能会带来前一种治理所不能带来之很多不便。

（3）这并不是一种想象的恐惧，而是历史经验已经证明的。因为，本王国至今已有500年是由根据议会建议而制定之法律来治理的，但从未出现过一次没有足够时间召集议会以批准征收国王供养军队之开支的事情（除非是国王与议会之间发生了可怕的争吵，而只要国王不提出让一份账单永久化的要求，就不会发生上述争吵）。根据理性，我们可以看得出来，情形必然会是如此，除非我们可以设想，君王没有能力提前六周就预料即将爆发的迫在眉睫的战争，因而没有预先筹备。我们不应设想君王和他的顾问们、大臣们会如此消极懒散，设想他们对国内外的情报是如此匮乏，以至于根本没有料到战争的爆发，或者根本没有弄清他们在战争与军需供应之类重大问题上的目标和意图。

于是，那些思辨家在写作和谈论时信口开河，告诉我们，本王国两位最著名的国王，爱德华三世和亨利五世，通过对臣民征

（接上页）贡盐剂，靠吞服干斑螯粉这类春药反复催生对自由之爱。"（参考《法国革命论》中译本，商务印书馆1998年版，第82—83页。）

税而剥夺了臣民最大的自由。然而，任何人只要稍微研究一下这两位国王统治时代的议会卷宗就会发现，尽管他们成就了伟大功勋，但其战争和军队都是靠议会的供应得以维持的，比起他们之前的国王及他们之后的国王，他们的任意征取实际上是最少的……

图书在版编目(CIP)数据

哲学家与英格兰法律家的对话/(英)霍布斯著；姚中秋译. —北京：商务印书馆，2025. —(汉译世界学术名著丛书). -- ISBN 978-7-100-25397-0

Ⅰ. D956.1

中国国家版本馆CIP数据核字第2025QY1394号

权利保留，侵权必究。

汉译世界学术名著丛书
哲学家与英格兰法律家的对话
〔英〕霍布斯　著
姚中秋　译

商　务　印　书　馆　出　版
（北京王府井大街36号　邮政编码100710）
商　务　印　书　馆　发　行
北京市白帆印务有限公司印刷
ISBN 978 - 7 - 100 - 25397 - 0

2025年9月第1版　　　开本850×1168　1/32
2025年9月北京第1次印刷　印张 7 3/4

定价：38.00元